EL LENGUAJE
NO VERBAL EN LA
COMUNICACIÓN
ONLINE

Amat Editorial, sello editorial especializado en la publicación de temas que ayudan a que tu vida sea cada día mejor. Con más de 400 títulos en catálogo, ofrece respuestas y soluciones en las temáticas:

- Educación y familia.
- Alimentación y nutrición.
- Salud y bienestar.
- Desarrollo y superación personal.
- Amor y pareja.
- Deporte, fitness y tiempo libre.
- Mente, cuerpo y espíritu.

E-books:
Todos los títulos disponibles en formato digital están en todas las plataformas del mundo de distribución de e-books.

Manténgase informado:
Únase al grupo de personas interesadas en recibir, de forma totalmente gratuita, información periódica, newsletters de nuestras publicaciones y novedades a través del QR:

Dónde seguirnos:

 @amateditorial

  Amat Editorial

Nuestro servicio de atención al cliente:
Teléfono: **+34 934 109 793**
E-mail: **info@profiteditorial.com**

JOAN FRANCESC CÁNOVAS

EL LENGUAJE NO VERBAL EN LA COMUNICACIÓN ONLINE

CONSEJOS PRÁCTICOS PARA OFRECER UNA
BUENA IMAGEN EN LAS VIDEOCONFERENCIAS

ILUSTRACIONES DE JOAN CASCANTE

© Joan Francesc Cánovas, 2021
© Profit Editorial I., S.L., 2021
Amat Editorial es un sello editorial de Profit Editorial I., S.L.
Travessera de Gràcia, 18-20, 6º 2ª. 08021 Barcelona

Diseño de cubierta y maquetación: XicArt
Ilustraciones: Joan Cascante

ISBN: 978-84-18114-76-2
Depósito Legal: B 6508-2021
Primera edición: Mayo de 2021

Impresión: Gráficas Rey
Impreso en España — *Printed in Spain*

❖ ÍNDICE ❖

❖ AGRADECIMIENTOS ❖

El contenido del libro, especialmente todo aquello que hace referencia al lenguaje no verbal de las comunicaciones *online*, está basado en situaciones reales. Quiero dar las gracias a todos aquellos quienes, sin saberlo, con sus intervenciones remotas durante la crisis de la pandemia de la COVID-19, han hecho posible lo que se escribe a continuación y le han dado veracidad.

Agradezco también a todos los participantes y profesores del Máster en Comunicación Corporativa y Estratégica de la UPF-Barcelona School of Management, que tengo el privilegio de codirigir, todos los años de dedicación y maestría en comunicación. Sin su guía y acompañamiento nunca habría podido llegar a aprender tanto y de tan buena gente. El libro es vuestro.

Finalmente, dedico el libro a mi familia, que durante tanto tiempo, y con tanta paciencia, me acompaña. Gracias, Mercè, Emma, Niel y Jan. También se lo dedico a mi padre Joan.

❖ PARA ENTENDER ❖
LA ESTRUCTURA DEL LIBRO

El libro que se presenta a continuación tiene dos partes diferenciadas, con objetivos también diferentes. La primera, «I. Comunicar en un mundo de incertidumbre», introduce las condiciones en las que trabaja la comunicación hoy en día y cómo han variado en poco tiempo. Se trata de una parte reflexiva que pretende hacernos dar cuenta de cómo han cambiado los hábitos comunicativos en muy pocos años durante la llamada revolución digital. No se trata de dar simplemente una opinión. Se busca desarrollar una visión crítica que permita entender mejor lo que se está viviendo. Parte de la idea de que la revolución digital actual no es buena ni mala, es simplemente la que hay. Es el punto de partida que permite comprender con más claridad el planteamiento de la segunda parte: «II. Los cambios de la comunicación mediatizada por dispositivos digitales», la cual se sitúa de lleno en la comunicación *online* y remota dimensionada especialmente después de la obligación de confinarse durante la crisis de la COVID-19. Ahora pasamos más horas que nunca en toda la historia de la humanidad relacionándonos con otras personas mediante dispositivos tecnológicos. El objetivo de esta segunda parte, que se constituye como eje central del libro, es facilitar consejos, herramientas y recursos para hacer más eficaces las comunicaciones mediatizadas por una pantalla en función de la naturaleza de estas mismas comunicaciones.

En el libro se tratan, básicamente, las características y particularidades que tiene la comunicación bidireccional, entre dos o más personas, que se lleva a cabo mediante dispositivos digitales a distancia conectados a internet y que necesitan las tecnologías de la información y la comunicación (TIC). Por lo tanto, se habla de comunicación *online*, remota, virtual, autónoma, a distancia..., entendiendo que cuando hablamos de este tipo de comunicación no nos referimos exactamente a lo mismo; en el contenido que se expone a continuación no se diferencia explícitamente entre estas formas porque muchos de los recursos y las habilidades sirven para todas las tipologías expuestas. Está claro que son diferentes y que no todo lo que se dice sirve de la misma manera para todos los sistemas de comunicación *online*, pero, dado que los ecosistemas de este tipo de comunicación tienen una estrecha relación entre sí, se entiende que el objetivo central de este trabajo no es diferenciarlos específicamente.

I
COMUNICAR EN UN MUNDO
DE INCERTIDUMBRE

1

EL MUNDO HA CAMBIADO Y LA COMUNICACIÓN TAMBIÉN

LA CULTURA DIGITAL
GENERACIÓN DIGITAL Y MULTITAREA
CLAVES PARA UNA COMUNICACIÓN EFECTIVA

Resulta evidente que el mundo ha cambiado y que lo ha hecho rápidamente. En muchos aspectos se podría decir que es irreconocible en relación con el que teníamos hace apenas unas décadas. Si alguien hubiera viajado al espacio hace veinte años y volviera ahora, es posible que se sorprendiera al ver la evolución que han tenido algunos de los aspectos clave de nuestro día a día: la geopolítica mundial, el aumento de la población, el cambio climático, la crisis de la COVID-19, la movilidad y el uso de dispositivos, el volumen de compras *online*, el uso de drones para fines comerciales y empresariales y, sobre todo, la comunicación: redes sociales, uso de la telefonía móvil, el teletrabajo, etc.

A menudo pensamos que algunas de las tecnologías que acompañan nuestro día a día han convivido con nosotros durante toda la vida. Nada más lejos de la realidad. Google nació en 1998; Facebook y YouTube, en 2004; Twitter, en 2006; el primer iPhone, en 2007; WhatsApp, en 2009; Instagram, en 2010; el primer iPad, en 2011; el primer iWatch, en 2014; la televisión en *streaming* (Netflix, HBO, AmazonPrime...) se popularizó en España a partir de 2015; en esta época es cuando empiezan a distribuirse también los principales asistentes personales (Siri, Alexa); las primeras redes comerciales de 5G se lanzaron en 2019, etc. Además, hay que tener presente que muchas de estas tecnologías tardaron bastante tiempo en desarrollarse una vez creadas. De hecho, algunas de ellas se encuentran todavía en fase de generalización después de años de haber nacido, porque la tecnología no se crea y se implanta en un proceso automatizado, sino que, a menudo, hay un largo trabajo entre su advenimiento y que se convierta en una realidad de uso generalizado.

Una gran parte de la población ha pasado la mayoría de su existencia sin estas tecnologías; por lo tanto, observando los cambios producidos, hay que reconocer que nuestra vida ha cambiado como posiblemente no había cambiado nunca en tan poco tiempo en ningún otro momento de la historia de la humanidad. El binomio tecnología y cambio es una constante histórica. La tecnología es un agente de la evolución humana desde tiempos inmemoriales. La gran diferencia ante la que nos encontramos, ahora, es que este proceso ha tomado una velocidad altísima. Para entender su magnitud, basta con constatar una evidencia: los ordenadores más potentes de finales del siglo xx son equiparables a los móviles que se llevan en el bolsillo en el inicio de la tercera década del siglo xxi. O sea, lo que era la punta de lanza tecnológica a finales de la década de los noventa ahora es un dispositivo de uso habitual que viaja con nosotros y que se mueve allí donde vamos.

La tecnología cambia las sociedades porque modifica sus hábitos diarios. Y, en esta lógica, cambia también la manera en que las sociedades se relacionan, es decir, cómo se comunican. Ahora la sociedad se relaciona de manera claramente diferente de como lo hacía hace veinte años. Para ejemplificarlo, se puede afirmar que WhatsApp ha cambiado la vida de mucha gente, que las redes sociales han dimensionado, públicamente, el día a día de muchas personas y que los diferentes dispositivos móviles a partir de los cuales se gestiona la red de relaciones han modificado la manera de interaccionar.

El primer dispositivo que inició de una manera trascendente el proceso del cambio social repentino que se está viviendo estos últimos años fue el teléfono móvil. Este *widget*, con la evolución a *smartphone*, se ha convertido, posiblemente, en el centro del proceso revolucionario que se vive porque, en general, resulta difícil no utilizarlo. Algunas constataciones que pueden explicar esta afirmación son las siguientes: lo tienen la mayoría de los humanos (incluso hay quien tiene más de uno); salir de casa sin móvil resulta complicado porque se ha convertido en una extensión de nuestra memoria y en un instrumento imprescindible para una serie de habilidades sociales, como comprar, buscar un restaurante, hacer fotos, etc.; las niñas y los niños cada vez son más jóvenes cuando tienen su primer modelo, y pasan muchísimas horas consumiendo contenidos; además, el móvil es el nexo de las relaciones sociales y profesionales. El *smartphone* es, posiblemente a estas alturas, el centro de la vida personal y profesional de los humanos.

La aparición de las redes sociales ha generado una eclosión de canales y ha afectado al resto de medios. Nunca como ahora se había dispuesto de tantas posibilidades para comunicarse. Pero en comunicación el medio condiciona el contenido. O sea, la vía por la que alguien se comunica es significativa en relación con lo que quiere decir. Las señales de humo eran un medio de comunicación que no servía para transmitir ideas filosóficas, así como no resulta fácil utilizar WhatsApp para explicar un problema de una cierta complejidad. Muy posiblemente, uno de los principales problemas con los que convivimos en la actualidad es que no hemos sido preparados para entender la naturaleza de estos medios y hemos interactuado con ellos de acuerdo con aquel principio tan básico como equivocado que dice: «Si lo hace más fácil, es mejor». Y pocas cosas son tan fáciles como enviar un tuit, publicar un post en Facebook o subir una foto a Instagram. Además, todo esto se ha hecho sin pensar en las consecuencias y en cómo afectaría, en el conjunto global de las relaciones comunicativas, a quien lo hacía. Ante este hecho, nos encontramos, posiblemente, en el momento histórico en que más personas saben de nuestra vida sin que nosotros hayamos sido totalmente conscientes de que la contábamos. Sin una conciencia plena hemos ido introduciendo datos en sistemas de comunicación bastante desconocidos que han ido componiendo nuestra realidad social, la cual puede llegar a no ser real. Demasiadas veces lo hemos hecho con el mismo espíritu que si colgáramos una foto en un álbum personal o familiar. Pero no, resulta que lo que decimos y enseñamos lo ve todo el mundo y pasa a formar parte del imaginario que se construyen muchas personas sobre nosotros. Este hecho proyecta una «realidad social» que, con voluntad o sin ella, puede no ser nuestra «realidad real». Algunas investigaciones psicológicas apuntan que la coexistencia de dos realidades, aunque una de las dos no sea real, genera un tipo de carácter que tiende a una mirada bipolar de la vida y que retrasa el desarrollo de la personalidad.

Esta revolución comunicativa se ha producido —de hecho, como todas— sin que la sociedad fuese muy consciente de ello. Es decir, ha llegado a nuestras vidas sin pedir permiso, sin estar preparados y de manera repentina. Sin darnos cuenta, nos hemos convertido en agentes del cambio comunicativo más rápido, y posiblemente más importante, que ha sucedido en toda la historia de la humanidad. Una etapa revolucionaria que, si los libros de historia aún existen dentro de unos años, es posible que sea denominada como revolución digital, revolución móvil, etc.

El motor del cambio, como suele suceder, ha sido la tecnología, y los impulsores, las generaciones más jóvenes, que han hecho de ella una señal de identidad. La tecnología a la que tienen acceso y cómo la utilizan los diferencia del resto de colectivos y los sitúa como líderes necesarios de la revolución. Muy posiblemente, sin tener un nivel alto de conciencia de lo que estaba pasando y de lo que estaban haciendo, han exportado un estilo de vida basado en tres aspectos:

- La movilidad
- La conectividad
- La multitarea

La tecnología tiene sentido si es móvil, si está conectada en red y si permite hacer más de una cosa a la vez. Este es el estilo que define a esta generación. La generación digital que ha hecho de la comunicación y del ocio el sentido de su vida, y que los ha exportado al resto de ciudadanos del mundo. El paso de la sociedad del trabajo a la sociedad del ocio ha sido rápido y contundente. Hace pocos años, el trabajo era el centro de la existencia de los hombres y las mujeres. Ahora, el ocio define y orienta la vida de las personas. Se vive pensando en lo que se hará cuando se acabe la jornada laboral o durante el fin de semana. O, aún más, se introduce el ocio en el día a día compatibilizándolo con otras actividades. Como la multitarea se ha incorporado a la rutina de una forma natural, compramos, jugamos y nos relacionamos al mismo tiempo que trabajamos, diluyendo de esta manera una barrera hasta ahora muy clara y marcada como era la diferencia entre el tiempo personal y el tiempo profesional.

Como en cualquier revolución, los procesos de adaptación y de cambio generan ventajas e inconvenientes, adaptaciones y disfunciones, facilidades e incomodidades. Así pues, la generación más conectada de la historia, y que ha hecho de la tecnología y el ocio su estilo de vida, es posiblemente una de las generaciones con más dificultades para comunicarse, relacionarse y buscar con una cierta complejidad. Curiosamente, les resulta más fácil hacer un directo en Instagram o editar un vídeo que buscar los horarios de un medio de transporte en la red o expresar, cara a cara, una emoción o un sentimiento.

Todos los cambios que se producen a lo largo de la historia afectan a la relación entre las personas o, lo que es lo mismo, a la comunicación entre ellas. Estudiando los fenómenos comunicativos se entiende cómo son las sociedades y los colectivos. El problema con el que se convive actualmente es que la rapidez de los cambios producidos dificultan su análisis o, en todo caso, el análisis objetivo. Se avanza sin una conciencia plena de hacia dónde se camina y de los cambios que provoca este movimiento. Por lo tanto, es posible que esta situación haga evolucionar la sociedad sin el nivel de reflexión suficiente para saber cuáles son las características de esta evolución. Se camina, o más bien se corre, sin meditar. Una de las primeras consecuencias de este hecho es la pérdida de conciencia sobre los cambios, que se producen tan rápidamente que no se pueden asimilar. En muy poco tiempo, la vida de los humanos se ve modificada de manera sustancial, y no somos muy conscientes de ello. La comunicación es uno de los aspectos a través de los cuales se puede visualizar este cambio. Se puede afirmar que ahora se comunica de forma radicalmente diferente a como se hacía diez años atrás.

¿En qué aspectos ha cambiado la comunicación en nuestras vidas? No es el objetivo de este libro elaborar un listado exhaustivo, pero se apuntan algunos de esos factores porque permiten entender mejor cómo es la comunicación en nuestros días. De hecho, los siguientes aspectos ayudan a explicar **las bases sobre las cuales se asienta la comunicación de la nueva sociedad surgida de la revolución digital:**

- ➡ Se ha perdido un cierto sentido común comunicativo.
- ➡ Hay tanto ruido que el silencio se ha convertido en un bien escaso y codiciado.
- ➡ La comunicación de la diferencia es más efectiva que nunca.
- ➡ La imagen ha ganado peso en detrimento de la palabra.
- ➡ La percepción ha sustituido a la realidad.

- El impacto es un captador natural de la atención.

- Interesan más las experiencias que generan los productos que los productos en sí mismos.

- Comunicando, la emocionalidad es más efectiva que la racionalidad.

- El gran cambio comunicativo de nuestros días es el paso de la asincronía a la sincronía.

- La comunicación en positivo, tal vez porque es extraña, resulta más atractiva.

- La sociedad del ocio facilita que comunicación y diversión estén más unidas que nunca.

SE HA PERDIDO UN CIERTO SENTIDO COMÚN COMUNICATIVO

Dicen que el sentido común es el menos común de los sentidos. A menudo se nos recomienda que cuando no sepamos qué hacer, cómo actuar, cómo posicionarnos, lo mejor es utilizar el sentido común. ¿Quién lo marca? ¿Quién lo define? ¿Qué quiere decir sentido común en términos comunicativos? Me atrevo a asegurar que la comunicación tiene sentido común cuando optimiza los canales y consigue la máxima eficacia de la que es capaz. Es decir, cuando se alcanzan los objetivos comunicativos de la forma más fácil y sin consecuencias no deseadas, entonces es cuando se utiliza la comunicación con sentido común. Pero toda revolución genera interrogantes que afectan al sentido común y a menudo lo modifican. Hoy día, las personas se pueden preguntar si tiene sentido común relacionarse mediante un aparato tecnológico con alguien que tenemos sentado al lado; felicitar a alguien muy cercano, física y emocionalmente, mediante un mensaje de WhatsApp; pregonar a los cuatro vientos que no estamos en casa, contando con pelos y señales que estamos de vacaciones y durante cuántos días lo estaremos, o compartir con todo el mundo, mediante las redes sociales, que hoy hemos comido en un restaurante sin cuestionarnos si realmente esto interesa a todas las personas a quienes se lo hemos hecho llegar.

La facilidad para comunicarse, el desconocimiento sobre las características y el acceso de los canales que se utilizan, y la velocidad con la que avanza el proceso transformador han ocasionado la ausencia de reflexión sobre la conveniencia o no del mensaje que se quiere comunicar. Esto ha llevado a perder un cierto sentido común comunicativo, el cual evoluciona, si bien la tecnología lo hace más rápidamente. Es como si lo hubiera dejado atrás.

HAY TANTO RUIDO QUE EL SILENCIO SE HA CONVERTIDO EN UN BIEN ESCASO Y CODICIADO

El término *silencio* hace referencia a la ausencia de ruido o de habla. Proviene del término latino *silentium* y, como explica el director de orquesta y compositor Alberto Álvarez Calero, muchas veces se asocia a la calma o la escucha. El músico y compositor Oriol Camprodon manifiesta que la música es lo que pasa entre silencios y solo sabiendo dominar los silencios se puede tocar mejor un instrumento. Cuando hay silencio, parece que todo está más calmado, y, de hecho, el silencio es una condición imprescindible para poder escuchar.

En nuestro mundo, el ruido comunicativo es constante y abunda. Cada día, desde que nos levantamos, todo el mundo intenta explicar y vender su producto o su verdad. El bombardeo es espectacular y la saturación que se produce condiciona la vida. Lo que cuentan los medios de comunicación —incorporamos las redes sociales en esta categoría— condiciona nuestro día a día, y es muy difícil permanecer del todo ajenos a ello. Se generan burbujas comunicativas que orientan a actuar en un sentido u otro. Cuando los medios de comunicación se ponen de acuerdo —creo que, generalmente, sin una voluntad explícita y, por tanto, no me refiero a conchabanzas ni conspiraciones— para dar una importancia concreta a un hecho o acontecimiento, ese hecho condiciona la rutina del público que lo consume.

Por lo tanto, en medio de tanto ruido, ¿por qué no se utiliza el silencio como herramienta de supervivencia comunicativa? En nuestro mundo falta silencio. Hay demasiada gente hablando y poca escuchando. Resulta difícil estar en silencio. De entrada, el silencio permite escuchar, y escuchar es el único camino hacia el aprendizaje. Aprende más quien escucha que quien habla. La escucha, además, permite ser empático con los demás. Pero escuchar requiere un esfuerzo que no siempre se está dispuesto a asumir. No debe ser fácil permanecer en silencio, porque de hecho no hay mucha gente que practique esta actitud. Se habla demasiado y, aunque sea por simple estadística, si se habla más hay más posibilidades de equivocarse. Sostengo que normalmente somos esclavos de nuestras palabras y dueños de nuestros silencios.

En un mundo falto de silencio, aunque en términos comunicativos pueda parecer una contradicción, el silencio acaba sirviendo para muchas cosas y tiene muchas funcionalidades: genera expectativas (un silencio antes de anunciar el ganador de un premio atrae la atención), es el impulsor del ritmo (las intervenciones que no son monótonas son las que tienen más variación en el uso de los silencios), significa el desconocimiento o la aceptación de algún hecho (tal como manifiesta el dicho «quien calla, otorga»), etc.

Ante tanto ruido comunicativo y tanta ausencia de calma, el silencio se presenta, hoy en día, como uno de los activos comunicativos más destacados. Por mucho que se pueda temer o aunque genere respeto, estoy convencido de que saber estar en silencio es una actitud comunicativa de gran valor en plena revolución digital.

LA COMUNICACIÓN DE LA DIFERENCIA ES MÁS EFECTIVA QUE NUNCA

La comunicación se basa en la capacidad de ganar la atención de la audiencia. En un mundo con tanto ruido, ¿qué es lo que realmente capta la atención? Si todo el mundo tiene cosas muy importantes e interesantes que decir y todo el mundo las comunica a la vez, ¿por qué unas consiguen captar la atención y otras no? Básicamente, la retención informativa de un mensaje, de una idea o de una imagen se produce gracias a dos aspectos:

- El interés por lo que se está explicando.
- La diferencia respecto al resto.

El interés por cualquier mensaje es directamente proporcional a la capacidad que se tiene para retener aquello de lo que se está hablando, obviamente, siempre que las condiciones de la escucha sean óptimas. Las cosas que más nos interesan retienen más nuestra atención. Está demostrado que se tiene más capacidad para escuchar lo que más atrae y, por tanto, de manera inversamente proporcional, se tiene menos capacidad para retener lo que no es objeto de interés. Saber cuál es el interés de la audiencia facilitará el proceso de adaptación del discurso y generará más atención.

Pero el aspecto realmente trascendente en relación con la capacidad de atracción tiene que ver con la diferencia respecto al resto de cosas que se están comunicando o que están pasando. Cuando se comunica igual que todo el mundo, se tiene menos atención porque el mensaje se diluye en el océano comunicativo que nuestra sociedad ha acabado siendo. Si comunicamos de la misma manera que lo hacen los demás, no generaremos ninguna diferencia. Cualquier programa de *zapping* muestra aquello que es excepcional, diferente, no habitual. Y de ahí el éxito de audiencia de este tipo de espacios —más allá de la atracción por el impacto, de la que nos ocuparemos en un apartado posterior—. La diferencia nos posiciona mejor y aumenta la capacidad de ser recordados. Se recuerda más aquello que no es igual que el resto. Las técnicas de posicionamiento del *marketing* se basan en hablar sobre las diferencias del producto, y no sobre aquello que es común al resto de productos de la competencia. Este hecho, por sí mismo, no presupone ninguna bondad del producto, pero facilita su posicionamiento.

LA IMAGEN HA GANADO PESO EN DETRIMENTO DE LA PALABRA

Vivimos en un momento histórico en que la imagen tiene un gran poder. Hace tiempo que se proclama que una imagen vale más que mil palabras, pero hoy en día la preponderancia de la imagen ha sobrepasado todos los indicadores. En el momento en que se editan más libros que nunca, el índice de lectura del mundo occidental ha caído en picado. Se compran libros, pero no se leen. La sociedad ha dejado de leer y de escuchar. La gente no escucha. Si se debe explicar algún hecho o situación, y se desea que se recuerde, es mejor hacerlo con imágenes. El lenguaje de la imagen ha canibalizado al resto de lenguajes.

Antes, se certificaba la veracidad de un hecho si iba acompañado de algún soporte escrito que validara su existencia. Hoy, curiosamente, aunque digitalmente se puede manipular cualquier imagen, no se da credibilidad a nada si no lleva el apoyo del lenguaje visual. Se desconoce aún con certeza el papel que en este cambio social pueden haber tenido las redes sociales, organizadas básicamente para ser vistas o escaneadas, pero es posible que haya que atribuirles algún tipo de responsabilidad. Los tuits de Twitter son necesariamente cortos para que no cueste leerlos (casi se podría decir que es para que no cueste escanearlos); lo más consumido en Facebook son las historias; Instagram es una red social conceptualizada para que se cuelgue una fotografía y los seguidores la miren y decidan si les gusta o no. Esta es la lógica del triunfo de las redes sociales basadas en la imagen. Esta es la lógica de una sociedad en la que la imagen ha tiranizado al resto de lenguajes y se ha hecho la dueña.

Imaginemos que vamos al médico y, cuando entramos en el consultorio, el doctor nos recibe con una bata de color negro. ¿Cuál sería nuestra primera reacción? Posiblemente pedir si nos puede atender el médico de la bata blanca, porque la situación nos será del todo extraña. ¿Por qué? Porque la imagen de un médico vestido con una ropa de color negro no se corresponde con la imagen que tenemos de un facultativo. En este caso hemos asociado un color a una profesión concreta y no nos es fácil asumir esta variación. Es así como trabaja el lenguaje de la imagen. En el caso del médico del ejemplo, su imagen, materializada en su ropa de trabajo, condiciona la credibilidad del discurso que mantendrá. Está ampliamente demostrado que, cuando alguien habla, la imagen que proyecta queda más condicionada por elementos visuales que por aspectos sonoros o textuales. Es decir, hoy en día el lenguaje visual pasa por encima de otros tipos de lenguajes y los condiciona. Aun así, hay que reconocer que la comunicación virtual ha hecho ganar posicionamiento al lenguaje verbal. Ante la dificultad para percibir con nitidez algunas imágenes (debido a problemas tecnológicos o de habilidades de comunicación), lo que se dice ha ganado importancia. Pero la imagen no ha perdido su rol preponderante en la comunicación del siglo XXI.

LA PERCEPCIÓN HA SUSTITUIDO A LA REALIDAD

Resulta evidente que la realidad existe. No se puede negar. Pero la percepción toma un papel cada vez más relevante en nuestra vida. La realidad no siempre es fácil de entender. Saber por qué pasan las cosas en un mundo cada día más complejo puede ser un trabajo titánico. Si a esta dificultad se le añade la ausencia de tiempo porque se vive en un mundo cada vez más acelerado, el resultado es evidente: no hay tiempo para conocer la realidad. Ante esta dificultad, que se ha asumido de una manera muy natural y sin demasiadas contemplaciones, la percepción permite aproximarse a la realidad con menos tiempo. Es como un atajo. Como no se puede conocer lo que pasa, es suficiente con lo que parece que pasa. Se emplea menos tiempo para llegar y permite posicionarse más rápidamente, en un mundo que pide que todos tengan una posición sobre todo y que esta opinión se produzca de manera ágil y diligente. El atajo perceptivo nos permite movernos como si camináramos por la realidad.

Cada día salimos de casa con una mochila cargada de etiquetas y vamos etiquetando todo lo que nos pasa por delante de forma casi automática —«Esto me gusta, esto no me interesa, esto es desastroso, esto coincide con lo que pienso»—, y todo a partir de la percepción. Una percepción que se construye en el cerebro con agilidad. Poco después de conocer a una persona ya tenemos una percepción de ella. Poco después de conocer a un grupo ya tenemos una percepción de este. La percepción se constituye en los primeros minutos de la relación. Por eso es importante comunicar pensando que nunca se tendrá una segunda oportunidad de causar una buena primera impresión.

En las intervenciones públicas los primeros minutos son muy importantes. En muchos casos, en especial en todos aquellos en que difícilmente se tendrá un contacto mucho más profundo con quien se habla, la primera impresión, posiblemente, guiará la relación de por vida. Lo que se piensa o se siente en los primeros minutos de la relación constituye la percepción sobre aquel hecho o situación a la que se dará categoría de realidad, y, por lo tanto, muchas veces, servirá para posicionarse al respecto. Así, se puede afirmar que la realidad ha dejado paso a la percepción y que esta última la ha sustituido.

EL IMPACTO ES UN CAPTADOR NATURAL DE LA ATENCIÓN

Los vídeos más consumidos en internet, después de los de sexo, son los de personas que se caen. Desde nuestros dispositivos vemos un vídeo de alguien que resbala o tropieza y nos damos una panzada de reír. Parece que no nos importen las consecuencias dolorosas de la caída. ¿Por qué? ¿Somos malas personas? ¿No tenemos sentimientos? No, simplemente el impacto atrae más allá de las consecuencias que pueda tener. Es un captador natural de la atención. Ante tanto «ruido comunicativo» se utiliza para llamar la atención. Los especialistas explican que vivimos en una sociedad atrapada por todo aquello que es impactante. Exponen que el impacto llama la atención por varios motivos: permite evadirse, afecta al sistema límbico —siempre amante de las emociones—, refuerza la fortuna ante el mal que alguien padece... Sea como fuere, en términos comunicativos, el impacto supone salir de la normalidad y se utiliza como una técnica para sumar adeptos a un mensaje o situación, derivar tráfico hacia una web, etc. La imagen es el recurso más efectivo para obtener impacto y, así, captar la atención, pero la palabra también puede conseguirlo. Un lenguaje alineado con el interés de la audiencia, que sea innovador, que genere curiosidad o que apele a la emoción, incide más en quien escucha. Hay palabras que golpean al público, le llaman la atención, en función del contexto en el que se producen, como, por ejemplo, *examen* en una escuela, *gratis* en una venta o *para terminar* en una conferencia. La forma más rápida de llamar la atención es impactar en la audiencia, lo cual se ha convertido en un recurso que no suele fallar.

INTERESAN MÁS LAS EXPERIENCIAS QUE GENERAN LOS PRODUCTOS QUE LOS PRODUCTOS EN SÍ MISMOS

Hace años, la comunicación se basaba en el posicionamiento del producto. Es decir, cuando se ocupaba el espacio común comunicativo para hablar sobre un tangible o un intangible, una opinión o una idea, la voluntad manifiesta era que todo quedara claro y se entendiera. La lucha se producía por el posicionamiento. En el espacio comunicativo confluían muchos productos y servicios, y, por tanto, la claridad sobre las características y las condiciones de lo que se explicaba era el centro de todo. Cuanto más claro y comprensible se era, más fácil resultaba llegar a los públicos interesados. Esta tensión comunicativa se ha desplazado del producto a la experiencia que genera. O sea, ahora es tanto o más importante explicar la experiencia asociada al consumo del producto que el producto en sí mismo. La experiencia ha tomado poder en nuestras vidas e intereses. Vamos a la búsqueda constante de experiencias únicas, inolvidables y emblemáticas. Se regalan experiencias. Uno de los ejemplos que permite visualizar esta realidad es la comunicación que desarrollan las empresas automovilísticas cuando intentan vender los vehículos sin mostrarlos. Explican la experiencia que pueden generar como una forma de explicar el producto en sí.

En términos comunicativos, el producto es la suma de sus características más la experiencia que genera. Hoy en día, no basta con explicar las condiciones del producto o servicio que se intenta posicionar, se busca la experiencia que genera como un atributo más que permite comprenderlo de manera más completa. Esto hace que en el discurso público hayan ganado peso las experiencias como una forma de explicar estos mismos productos.

COMUNICANDO, LA EMOCIONALIDAD ES MÁS EFECTIVA QUE LA RACIONALIDAD

Siempre se ha oído decir que la combinación ideal de cualquier intervención pública consiste en poner las dosis necesarias de racionalidad y de emocionalidad. Explicar cualquier hecho o situación combinando la razón y el sentimiento conduce al éxito. Sin que deje de ser cierto este axioma, los estudios sobre el comportamiento de nuestro cerebro ofrecen nuevos argumentos para entender cuál debe ser la combinación perfecta de estos dos aspectos. Entre los diversos «sistemas cerebrales» de los que disponemos hay dos de especial importancia en las relaciones comunicativas: el sistema cortical y el sistema límbico. El primero es un gestor experto en el procesamiento de las ideas, los conceptos, los pensamientos, etc. El segundo desarrolla sus habilidades especiales cuando se habla de los sentidos, de las imágenes, de los sentimientos, de las emociones... De la mano del neuropsicólogo Richard J. Davidson, recientemente se han conocido dos aspectos centrales también desde una mirada comunicativa: el sistema límbico retiene mejor la información (por lo tanto, tiene más memoria) y toma el 90% de las decisiones de nuestro día a día. O sea, determina nueve de cada diez decisiones diarias que adopta un humano.

Sin querer entrar en términos científicos y explicándolo de la manera más sencilla posible, se puede afirmar, de acuerdo con la ciencia, que el sistema límbico tiene un protagonismo muy destacado en nuestra capacidad comunicativa. Es decir, comunicamos más con el sistema límbico que con el cortical. Cada día se desarrollan más interrelaciones límbicas que relativas al córtex. El sistema cortical también tiene un rol destacado comunicativamente hablando, pero, en el día a día, y exceptuando los procesos intelectuales de alta complejidad, tiene un papel secundario.

A partir de esta idea cabe preguntarse cómo es que se invierten tantos esfuerzos comunicativos en la racionalidad si parece que el caballo ganador corre por la calle de la emocionalidad. La comunicación debe ser más emocional de lo que es. Es la manera de ser más eficientes en el mundo en el que vivimos. De hecho, el éxito de un proceso comunicativo sigue siendo la combinación entre los dos aspectos mencionados, pero quizás, hoy en día, deberían modificarse las intensidades. La forma más fácil de incorporar la emoción en las intervenciones es mediante ejemplos, anécdotas e historias. El ejemplo, emocional por naturaleza, se fija mejor en el cerebro; es como un pegamento que puede ayudar a hacer más comprensible y duradero el concepto racional que se acaba de exponer. La fórmula del éxito de la comunicación eficaz, posiblemente, tiene mucho que ver con el medido equilibrio de la exposición del concepto que se quiere explicar, dirigido al sistema cortical, aderezado con el ejemplo o la anécdota que permite activar con más eficacia el sistema límbico de la audiencia.

EL GRAN CAMBIO COMUNICATIVO DE NUESTROS DÍAS ES EL PASO DE LA ASINCRONÍA A LA SINCRONÍA

La asincronía hace referencia a cualquier hecho que no tiene lugar con total correspondencia temporal con otro hecho. La sincronía, por tanto, es todo lo contrario. En los últimos años, y gracias a los avances de la tecnología, la comunicación ha ido evolucionando de la asincronía hacia la sincronía. Hace varios años, no muchos, se enviaban cartas por correo postal. Se escribía en un papel y, al cabo de unos días, o incluso de unas semanas, el destinatario recibía lo que había escrito el emisor. Se trata del ejemplo más claro de asincronía, la comunicación que no se produce al mismo tiempo; esto significa que, temporalmente, la pregunta y la respuesta comunicativa están separadas por un lapso de tiempo. La comunicación síncrona, la que ocurre al mismo tiempo, responde a todo lo contrario: la respuesta se produce inmediatamente después de la pregunta.

Desde hace mucho tiempo existen herramientas de comunicación síncronas (el teléfono) y asíncronas (las cartas). ¿Cuál es, pues, el cambio que se vive hoy en día? El volumen y uso que se hace de ellas. Hay tecnologías que están conceptualizadas para ser usadas de manera síncrona (WhatsApp) y otras de manera asíncrona (correo electrónico). Cuando alguna de estas se utiliza de forma diferente a la previsión con la que ha sido creada, es cuando se producen las disfunciones comunicativas. Por ejemplo, si enviamos un wasap a alguien, tenemos una cierta expectativa de que sea contestado de manera inmediata o al poco tiempo. Si no es así, se genera una incomodidad porque la herramienta se define por la comunicación inmediata. Pero no siempre la herramienta comunicativa se puede utilizar tal como ha sido prevista por la tecnología. A veces, el uso está condicionado por las circunstancias que rodean la comunicación, porque tal vez en ese momento no se está en disposición de poder contestar ese mensaje ya que no se tiene cobertura, se está haciendo otra cosa, no se está consultando el móvil, etc. Como lo único que conoce el emisor del mensaje es la condición del instrumento, y no las condiciones del receptor, intuye que, si él está en disposición de comunicar sincrónicamente con una herramienta de esta naturaleza, la comunicación debería ser inmediata porque la persona con quien se relaciona también debe de estar en disposición de hablar. La rotura de alguna de estas condiciones generará problemas en el éxito de esta comunicación. Si se envía un correo electrónico, la naturaleza de la herramienta ya ofrece una información que anula la capacidad de recibir una respuesta inmediata. Se trata de una herramienta asíncrona y se espera que la respuesta o la lectura no se produzca inmediatamente.

¿Y qué tiene que ver todo esto con la modificación de las capacidades y habilidades comunicativas de los humanos? Es importante por dos motivos:

- El uso indebido o no previsto de las herramientas tecnológicas genera disfunciones.
- La velocidad con la que se mueve el mundo cambia las condiciones de uso de estas tecnologías.

El primer problema radica en la utilización de una herramienta conceptualizada desde la sincronía de forma asincrónica o al revés. Cuando ocurre, el conflicto es evidente. Un tuit leído días después de ser emitido puede no tener interés o, incluso, no tener sentido. El segundo problema es de velocidad. El mundo se acelera constantemente. Todo pasa deprisa y todo es para ayer. Este incremento de lo que se podría denominar ritmo vital hace que los tiempos de respuesta de cualquier comunicación sean más exigentes ahora que hace unos años. Es decir, ahora nos impacientamos más rápido si no recibimos una respuesta a un correo electrónico escrito hace unas horas. Un medio conceptualizado de forma asincrónica, en que se envía el mensaje sin pensar que el receptor debe estar conectado para contestar, camina hacia la sincronía a medida que el mundo se acelera cada vez más.

El ritmo y los medios de los que disponemos tienden hacia la sincronía y, por tanto, la comunicación también lo hace. Enviar o recibir una carta o llamar desde un teléfono fijo evoca un mundo pasado. Desde el punto de vista generacional, hay personas que están enfocadas exclusivamente a la sincronía y que rechazan cualquier comunicación asincrónica (los más jóvenes). Este hecho también modifica la forma en que los humanos nos comunicamos entre nosotros o, lo que es lo mismo, como desarrollamos nuestras relaciones sociales. El uso de las herramientas síncronas por parte de la generación digital ha generado que ahora los encuentros entre amigos, o incluso profesionales, se produzcan «sobre la marcha» y con una previsión más corta para programarlos. Los más jóvenes siempre están conectados y van quedando en sincronía. Sin conexión les cuesta más quedar. Para ellos, la previsión tiende a desaparecer.

LA COMUNICACIÓN EN POSITIVO, TAL VEZ PORQUE ES EXTRAÑA, RESULTA MÁS ATRACTIVA

Hace años que sostengo que en la vida, en términos comunicativos, se ha de decidir si se está del lado del problema o del lado de la solución. Cualquier planteamiento se puede hacer desde el problema o desde la solución. Por ejemplo, cuando se explica algo, se puede poner el énfasis en por qué ha pasado una situación (definición del problema) o en cómo resolver ese hecho (planteamiento desde la solución). El enfoque comunicativo es totalmente diferente. Hay algunas profesiones que se enfocan más en la solución que otras, y hay situaciones que también facilitan ponerse de un lado o de otro. En todo caso, no siempre se puede elegir, pero a veces sí es posible. Si se da el caso, el enfoque comunicativo basado en la solución es más cercano, más simpático, y normalmente facilita la empatía. En los últimos años, el discurso político público se ha basado en la negatividad. En general, quienes han tomado la palabra lo han hecho para remarcar los problemas. Los políticos lo han hecho hasta la saciedad, ¿y qué consecuencias ha tenido esto? Aquellas profesiones que han convertido la queja en su discurso habitual ahora se encuentran entre las peor valoradas de todas.

Hay personas que han hecho de la queja el relato de su vida. Siempre se quejan y todo les parece mal. ¿Verdad que son cansinas? ¿Verdad que, por lo general, da pereza relacionarse con ellas? Se trata de un tipo de personas que normalmente piensan que todos los problemas van hacia ellas. Que creen que son el centro de los problemas de la galaxia. ¡Ya es mala suerte que con tanto espacio como hay en nuestro universo los problemas tiendan a concentrarse en estas personas! ¿Seguro que no son ellas quienes los atraen? Sin decirlo, ¿no están deseando tener problemas porque, de esta forma, generan argumentos para poder relacionarse en sociedad? Posiblemente, han fundamentado su discurso público en la negatividad porque piensan que así socialmente existen más. Pues la solución es fácil: siempre que se pueda, hay que enfocar la comunicación desde una mirada positiva. De repente, se abrirá un nuevo horizonte. Hoy en día, la positividad, en términos comunicativos, es un valor que cotiza al alza. Y cada vez hay más gente que la utiliza.

LA SOCIEDAD DEL OCIO FACILITA QUE COMUNICACIÓN Y DIVERSIÓN ESTÉN MÁS UNIDAS QUE NUNCA

Si nos remontamos a la generación de nuestros padres, podríamos decir que vivieron en la denominada sociedad del trabajo. Vivían para trabajar. Su lógica vital pedía trabajar tantas horas como tenía el día. Su expectativa tenía que ver con el proceso de crecimiento profesional que podían desarrollar en su empresa o sector. Resulta evidente que la sociedad actual no está conceptualizada en los mismos parámetros. Se vive pensando en lo que se hará el fin de semana o dónde se irá a cenar por la noche. El ocio, más allá de ser un motor económico, se ha convertido en el centro de la vida de los humanos de las sociedades occidentales y en el impulsor de muchas de las acciones que se desarrollan. La idea central es pasarlo bien siempre y en todo momento. Somos la sociedad del ocio.

Este hecho condiciona la vida de los humanos, también en términos comunicativos. ¿Cómo? Básicamente todo se parametriza de acuerdo con el ocio. Y, como el ocio resulta divertido, alegre, gratificante, distraído..., se intenta traspasar esta actitud al conjunto global de las actividades que se desarrollan cada día. Por lo tanto, se aspira al hecho de que una conferencia, una clase o una mesa redonda sean entretenidas y divertidas. La capacidad de pasarlo bien y hacer que cada momento concreto sea divertido se ha convertido en un atributo positivo de valoración de la situación. Durante más de veinticinco años he dirigido un Máster en Comunicación en la UPF-Barcelona School of Management con el profesor de la UPF Carles Singla y aún nos sigue sorprendiendo cuando, después de una clase, se acerca un estudiante y manifiesta que «la sesión ha sido muy entretenida», como si se tratara de una película o de una obra de teatro. Sin ninguna crítica hacia este comentario, porque siempre es agradable recibir comentarios positivos, posiblemente sería más oportuno expresar esta gratitud para con la clase en función de si se ha producido un intercambio de conocimiento interesante, si se han clarificado conceptos confusos o si se ha permitido descubrir nuevas técnicas. Pero no, ahora las clases, las conferencias y las reuniones deben ser divertidas y entretenidas. La sociedad del ocio contamina cualquier otra actividad y le da una dimensión lúdica que sirve para catalogarla. En esta línea, la comunicación es uno de los recursos para lograr que esta actividad sea divertida. Como todo debe ser divertido, la comunicación también ha de serlo. El ocio ha introducido nuevos parámetros en la función que tenía hasta ahora la comunicación.

2

MECANISMOS PARA CAPTAR LA ATENCIÓN DE LA AUDIENCIA Y LA IMPORTANCIA DE ADAPTARSE

Si se tuviera que simplificar en pocas palabras cuál es el objetivo exitoso de cualquier acto comunicativo, se diría que se fundamenta en la habilidad de captar la atención de la audiencia para transmitirle el mensaje deseado a través del canal más seguro y fiable. Resulta evidente que, en este acto comunicativo, el mensaje, el receptor y el canal son importantes, pero la audiencia se convierte en el núcleo central de cualquier comunicación.

A partir de esta afirmación se podría elaborar una lista con una serie de recursos técnicos dirigidos a captar la atención. La atención es la base de la comunicación. Si no se está atento, sea total o parcialmente, es muy difícil que se pueda desarrollar cualquier comunicación de manera efectiva. El uso de una técnica adecuada, tanto desde el punto de vista verbal como vocal y no verbal, facilita la seducción comunicativa. Del mismo modo, el interés que se pueda tener por un tema es directamente proporcional a la atención que se pondrá en la comprensión de aquella información. Las condiciones en que se produce el acto comunicativo también influyen en la penetración del mensaje. Sea como sea, técnica, interés, condiciones, etc., son factores clave en la captación de la atención, pero la comunicación se basa en la audiencia y es a ella a quien se debe quien comunica. Se comunica siempre a alguien y hay que adaptarse a este alguien. Resumiendo, se podría afirmar que la comunicación es la capacidad de conexión y adaptación a la audiencia. Adaptarse a la audiencia significa acercarse a su estilo comunicativo, a la forma que adopta aquel con quien se habla, a sus intereses y expectativas. Este hecho facilita la posibilidad de conseguir el éxito comunicativo.

Ferran Ramon-Cortés y Àlex Galofré conceptualizaron un sistema que permite definir cómo es la audiencia con la que se establece el contacto y cuáles son las características que deberá tener esta comunicación. Lo denominaron método Bridge. Este método pretende explicar cuáles son los estilos relacionales básicos de comunicación que tienen las personas en la sociedad. Hicieron varias investigaciones para acabar generando una síntesis entre el ritmo vital con el que se mueven los humanos, que puede ir de más reflexivo a más activo, y la forma en que se toman las decisiones, más marcada por la razón o por la emoción. Lo sintetizaron en cuatro elementos naturales: tierra (reflexivos-racionales), fuego (activos-racionales), agua (reflexivos-emocionales) y aire (activos-emocionales), o, lo que es lo mismo, minuciosos, ejecutivos, discursivos y visuales. De aquí surgieron los cuatro estilos básicos de relación que tenemos los humanos. De hecho, normalmente, las personas tenemos la capacidad de movernos en cualquiera de estos estilos con más o menos habilidad. Podemos ser más reflexivos, más activos, más emocionales, más racionales, y con más o menos intensidad, pero a menudo hay uno de los cuatro (tierra, fuego, agua, aire) que es más cercano a nuestra manera de ser. También hay personas que tienen estilos duales o múltiples. Este estilo natural —o estilos naturales—, cuando se pone el piloto automático comunicativo, surge sin mucho esfuerzo. Este método, con el que se consigue ubicar a las personas en función de su estilo comunicativo, facilita lo que es básico en cualquier relación comunicativa: la adaptación a la audiencia.

Siguiendo la lógica de este principio, los autores intentaron definir las características básicas de los diferentes estilos y llegaron a las siguientes conclusiones:

- Los más minuciosos (tierra) se manifiestan comunicativamente como precisos, sensatos, sistemáticos, formales, discretos y cuidadosos, pero a la vez se les puede percibir como cuadriculados, distantes, paralizadores, críticos, cerrados y desconfiados.
- Los más ejecutivos (fuego) se manifiestan como rápidos, eficaces, valientes, energéticos, luchadores y transparentes, pero a la vez se les puede percibir como mandones, rotundos, bruscos, con dificultades para escuchar y discutidores.
- Los más discursivos (agua) se manifiestan como serenos, empáticos, cooperantes, tenaces, escuchadores y mediadores, pero a la vez se

les puede percibir como indecisos, inseguros, tercos, resignados y difusos.

- Los más visuales (aire) se manifiestan como apasionados, positivos, abiertos, sociables, cautivadores y dinamizadores, pero a la vez se les puede percibir como exagerados, con afán de protagonismo, caóticos, dispersos, variables y muy dependientes del reconocimiento de los demás.

Con esta lógica cualquier persona, en función de su estilo relacional básico, tendrá una forma de aproximación diferente a la comunicación. Mientras que un *tierra* apreciará especialmente la existencia de datos y de información ordenada y catalogada, un *fuego* exigirá información muy concreta, que sea enviada con rapidez y que tenga siempre un toque de reto; un *agua* buscará con interés toda la información que le permita desarrollar un relato y una explicación de los hechos basándose en la importancia de las relaciones de confianza entre las personas; y, finalmente, un *aire* se sentirá más cercano a aquellos discursos en torno a grandes ideas y novedades que permiten una proyección más allá de lo que se está comunicando.

Con la técnica que propone el método Bridge, comunicar con eficacia supone adaptarse al estilo del otro basándose en el siguiente principio incuestionable del género humano: todos somos diferentes. Los humanos tenemos diferentes maneras de abordar las relaciones entre nosotros y los hechos que las rodean. O sea, la forma en que uno comunica es un dato que solo tiene sentido en función del nivel de adaptación que se ha conseguido con la audiencia. Demasiadas veces se expresa con contundencia un hecho y se acompaña de una expresión categórica, que incluso, en ocasiones, roza la falta de respeto. Podría ser, por ejemplo, la siguiente: «Perdona que te lo diga tan claro, pero yo soy así». Normalmente, este hecho no solo esconde una cierta incapacidad para adaptarse al estilo del otro, sino que pone de manifiesto una cierta mediocridad comunicativa por parte de quien la transmite. La eficacia comunicativa no se fundamenta solo en el hecho de que el mensaje llegue a su destinatario, sino también en las condiciones con las que le llega, las cuales deberían estar adaptadas a la audiencia.

3

LA TÉCNICA DE LA COMUNICACIÓN: LAS 3 V

VERBAL
VOCAL (PARALENGUAJE)
NO VERBAL (*BODY LANGUAGE*)

¿Saber comunicar es una técnica o un arte? Me han hecho muchas veces esta pregunta y siempre la he respondido de la misma manera: «Sin ningún tipo de duda es una técnica, porque si no yo, que me dedico a la comunicación, sería un artista». Más allá del debate que pueda suscitar la cuestión, lo que interesa, en relación con el libro que tienes en tus manos, es que la comunicación tiene elementos técnicos que se pueden aprender y que, por tanto, se pueden entrenar y mejorar en su punto de partida. La comunicación se adiestra y tiene en la preparación su piedra filosofal. Desde el punto de vista técnico, se fundamenta en lo que se puede denominar las 3 V:

➡ **Comunicación verbal.** Se basa en el contenido que se expresa, en el uso de técnicas discursivas, de retórica, etc.

➡ **Comunicación vocal.** Científicamente conocida como paralenguaje, corresponde a una serie de factores que acompañan lo que se dice: ritmo, inflexión, timbre, intensidad, tono, velocidad, volumen...

➡ **Comunicación no verbal.** Está formada por lo que transmite nuestro cuerpo, con una especial atención a lo que explica la cara, la gestualidad, el entorno que la acompaña, los artefactos que se utilizan, el espacio que se ocupa...

Todos estos factores están condicionados por lo que podría denominarse factores cognitivos marcados por las preferencias, expectativas o simpatías. Cualquier discurso que se pronuncia ante una audiencia se ve influido por si gusta o no, por si interesa o no, por si se encuentra o no dentro de los gustos de quien escucha. Técnicamente puede ser impecable, pero si no despierta la simpatía de la audiencia, seguramente no llegará con tanta eficacia. Dicho de otro modo, aquello que más gusta siempre se verá mejor, de la misma forma que se tiende a ver más guapa a la gente con la que se tiene una buen relación y más fea a la gente con la que se tiene una mala relación. Extremando el argumento, caer bien a la audiencia es una buena manera de comunicar con más eficacia. Los factores cognitivos pasan por encima de los factores técnicos en la transmisión comunicativa.

CONSEJOS PARA LA COMUNICACIÓN VERBAL

Cuando se prepara cualquier intervención, lo que se acostumbra a planear con más detalle es lo que se dirá. Demasiadas veces la preparación de una conferencia, de una clase o la defensa de un proyecto se resumen en el texto. Todos los estudios que se han publicado en este ámbito tienen un punto coincidente: de las 3 V, la que tiene un nivel más pequeño de incidencia sobre la efectividad de la intervención es la verbal, que es justamente a la que el emisor dedica la mayoría de su esfuerzo. ¡Pues sí que vamos bien!

Es evidente que lo que se dice es importante. No se puede obviar el contenido de las intervenciones. Debe prepararse. Una explicación preparada llega mejor a la audiencia. De hecho, el que escucha nota la diferencia entre la que está preparada y la que no. Por lo tanto, aunque el nivel de efectividad del lenguaje verbal no sea considerado como uno de los más importantes en eficacia comunicativa, vale la pena cuidar técnicamente este aspecto. Uno de los cambios más destacados en la comunicación remota es que la comunicación vocal y la comunicación no verbal pierden capacidad de incidencia. En la intermediación tecnológica desaparecen pistas comunicativas que se ofrecían normalmente por estas vías. Esto requiere ser más claro en el lenguaje verbal, en lo que se dice. Por lo tanto, toma más relevancia la preparación de las palabras y los recursos estilísticos utilizados en la comunicación verbal.

Estos son algunos de los componentes que se han de tener en cuenta en la comunicación verbal cuando se prepara cualquier intervención pública:

- **Estructura.** Una de las tareas previas a una intervención es generar la estructura. Se necesita estructurar los discursos porque, así, resultan más ordenados y claros. Pero no basta con prepararla. La estructura se debe explicar, se debe traspasar a los receptores. Uno de los objetivos que tiene el orador es que, a la audiencia, le quede clara la base estructural sobre la que se apoyará la intervención. Si se hace esto, de entrada, las posibilidades de que se capte la atención son mayores. De hecho, el inicio de las intervenciones debe tener, entre sus objetivos, el de traspasar a la audiencia sobre qué estructura se explicará el contenido que se quiere posicionar. Se ha llegado a la conclusión de que los discursos estructurados son más seguidos, porque cuando se pierde la atención y se quiere recuperar es más fácil volver a situarse si se conoce el hilo estructural que sigue.

- *Storytelling.* Las intervenciones deben tener un hilo argumental, un vínculo que les dé coherencia. Esto se puede hacer de varias maneras: generando una historia, desarrollando una cronología, narrando una situación, etc. Pero el hilo conductor es imprescindible por dos motivos: ayuda a captar la atención y le transmite coherencia. Esto, ahora, se llama *storytelling* y se ha convertido en una técnica básica para conectar a los receptores con el mensaje que se está comunicando. Alcanzado este hecho, se puede llenar la intervención de recursos propios del *storytelling*, como el giro inesperado, la tríada de conceptos, la onomatopeya, la aliteración, etc., que facilitarán el interés de quien escucha.

- **Lenguaje adaptado.** Ya se ha explicado que la adaptación a la audiencia es la piedra filosofal para hablar en público. Si se habla en una lengua que el público no entiende, difícilmente se conseguirá llegar a transmitirle nada. Lo mismo ocurre con el tipo de lenguaje que se utiliza. Normalmente, las personas se interrelacionan en entornos profesionales en los que se ha desarrollado un tipo de terminología que es más comprensible dentro de este entorno que fuera. Cuando se habla con personas que no se encuentran dentro de este ámbito, la comprensibilidad se reduce. El ejemplo más claro lo constituyen los médicos. ¿Cuántas veces se ha salido de una consulta médica sin comprender del todo cuál es exactamente el diagnóstico? Ahí se ha producido una disfunción en el lenguaje adaptado. Por tanto, el consejo parece evidente: se debe hablar de acuerdo con la comprensión del receptor. A veces lo expreso diciendo que la gente normal habla normal, explicitando que el argot con el que alguien se comunica profesionalmente es solo eficaz en el entorno sobre el que ha sido conceptualizado.

- **Lenguaje límbico.** Tal como se ha explicado con anterioridad, la conexión con el sistema límbico del cerebro es más eficaz, comunicativamente hablando, porque es la que utilizamos más veces en nuestro día a día. Funciona por la vía de la emoción. No es la única forma de conexión (también existe la conexión racional), pero, cuando menos, dado que es más numerosa, acaba siendo más eficaz. El lenguaje límbico es aquel que trabaja las emociones: el humor, la ironía, la tristeza o la pena, entre otras. Cuando se habla en público, es recomendable hacer sonreír a la audiencia, generar nostalgia, evocar recuerdos... ¿Cómo? El recurso más límbico y fácil es poniendo ejemplos. El ejemplo es el que fija mejor la comunicación en el sistema límbico. Quien normalmente procesa el ejemplo es el sistema límbico. También se pueden usar historias, anécdotas o recuerdos. Utilizar estos recursos hará ganar efectividad en las posibilidades de conexión y, por tanto, mejorará la receptividad de la audiencia.

- **Lenguaje visual.** Este aspecto está relacionado con la conexión límbica del apartado anterior. Para explicarlo fácilmente, se puede decir que en el cerebro quien optimiza mejor la generación de imágenes (cuando se está imaginando una situación y se está visualizando dentro de la cabeza) es el sistema límbico. Por lo tanto, cuando alguien explica algo y este algo pasa a convertirse en imágenes, quien las está generando es el sistema límbico, y, por tanto, la conexión por esta vía resulta más eficaz. Por eso, poner un ejemplo es la forma más fácil de conseguir una dimensión visual en el cerebro de la audiencia.

- **Claridad y brevedad.** La claridad es un recurso infalible. Si podemos decir algo en diez palabras, mejor que en quince. El discurso oral no tiene como principal objetivo generar un deleite literario. La clave es la efectividad. Del mismo modo que se afirma que cuando se escribe se debe intentar que una frase no ocupe más de tres líneas de texto, cuando se habla lo ideal es hacer frases de no más de diez o quince palabras. Si se es breve, se es claro. Si se es claro, se comunica breve.

- **Lenguaje oral.** El lenguaje escrito y el lenguaje oral tienen diferencias respecto a la estructura en la que se presentan. El primero tiene más complejidad. Se usan frases relativas, explicativas, figuras literarias, cacofonías, siglas y abreviaturas (que no tienen ningún sentido oral), etc. Es un lenguaje concebido para ser leído y puede permitir un alto nivel de complejidad. El lenguaje oral tiende a la simplicidad, la dirección y la focalización. Todo es más simple, menos elaborado, más eficaz. Cuando se habla en público, hay que pensar en enfocarse en una mirada más oral que escrita.

- **Retórica.** Se ocupa de trabajar algunas técnicas y procedimientos de utilización del lenguaje puestos al servicio de una finalidad persuasiva, estética o comunicativa. Últimamente, ha perdido mucha influencia y se ha dejado de estudiar en muchos sectores. Cada vez se enseña menos. Pero los recursos que propone siguen siendo útiles y eficaces. La retórica hace más completas y redondeadas las intervenciones orales. Algunos de los recursos más habituales son: preguntas retóricas, enumeraciones consecutivas (la primera, la segunda, la tercera...), repeticiones consecutivas, conectores variados, etc.

- **Recursos.** La riqueza de recursos durante una intervención demuestra que esta ha sido preparada; además, le da un dinamismo interno que facilita su eficacia. Los buenos oradores preparan citas, poesías, imágenes y anécdotas, entre otros recursos, para introducirlas en el discurso. Y, sobre todo, interacción con la audiencia. La interacción no solo permitirá tener *feedback* sobre lo que está escuchando o mirando el público, sino que también generará una conexión, porque la audiencia percibirá que se le está hablando a ella y, por tanto, se sentirá parte del proceso comunicativo. La interacción también se puede considerar un recurso técnico. Los recursos o la interacción no se pueden improvisar y, por tanto, se han de preparar antes de la intervención.

- **Corrección y adecuación.** Ya se ha explicado la importancia que tiene analizar la audiencia antes de interactuar con ella para poder entregarle mensajes adecuados; además, estos mensajes deben ser correctos en relación con el público que escucha. En términos comunicativos significa que han de tener los mínimos errores y defectos, y que se han de alejar poco de unas ciertas reglas del ámbito en que se mueven los interlocutores con los que nos comunicamos. Uno de los signos de la adecuación es utilizar el nivel de precisión que requieren nuestros receptores. Es necesario adaptarse, pero teniendo en cuenta dos límites que pueden generar graves problemas: evitar los vulgarismos y evitar dejar de ser quienes somos.

- **No a las modas mediáticas ni a los tics o discriminaciones.** Cuando se habla en público, hay que evitar la utilización de frases vacías de contenido, modos comunicativos o tics repetitivos como pueden ser: «personas humanas», «y por último, pero no por ello menos importante...», «pero la verdad es que...». Estos tics no hacen más que generar distancia entre el emisor y el receptor, que tiende a interpretar el discurso como menos auténtico y más superficial. En este sentido, también hay que tener bastante cuidado con las frases discriminatorias que se pronuncian, a menudo sin mala intención, que pueden generar incomodidad. Conviene evitar expresiones como «los médicos y las enfermeras», cuando se puede decir «el personal sanitario», o posiblemente puede resultar más eficaz hablar de «la ciudadanía» en vez de «los ciudadanos y las ciudadanas».

Aunque la comunicación verbal pueda tener un papel secundario en el proceso comunicativo, también dispone de recursos para generar interés y captar la atención de la audiencia, y, por tanto, no se puede menospreciar, sobre todo ahora que prolifera la comunicación remota. El uso de la doble intención, la omisión de algunos detalles en una afirmación o una pregunta, la utilización de recursos literarios o el empleo de un vocabulario concreto en un entorno donde este no es habitual pueden facilitar el objetivo básico de cualquier acto comunicativo: llegar a los receptores y captar su atención. La preparación de lo que se quiere decir es el mejor recurso para conseguir que la comunicación verbal ayude a lograr tanto los objetivos como los propósitos deseados.

CONSEJOS PARA LA COMUNICACIÓN VOCAL

La voz transmite estados de ánimo. Por la forma que toma se puede saber si una persona está contenta, triste, enfadada o cariñosa. No se trata de lo que se dice, sino de cómo se dice. La encargada del *cómo* es la comunicación vocal o paralenguaje, que se ocupa de los siguientes aspectos: volumen, tono, timbre, velocidad, inflexión, ritmo, elocución, prosodia, proyección... Estos elementos pueden resultar claves en la transmisión comunicativa y, según todos los expertos, son más trascendentes en la eficiencia informativa que la comunicación verbal. Algunos llegan a darle un nivel de eficiencia cercano al 35%. De hecho, se trata del primer lenguaje que aprendió nuestro cerebro. Desde muy pequeños, cuando aún estábamos en la cuna, y no teníamos capacidad para entender ninguna lengua, nos guiábamos por el paralenguaje para entender si las personas con las que interactuábamos estaban diciendo algo positivo o negativo. No éramos capaces de entender las palabras que decían (el fondo) pero sí la forma en que las decían. Por lo tanto, desde el vientre materno, los humanos hemos desarrollado la habilidad de leer el paralenguaje y tendemos a darle importancia. Este hecho ha posibilitado que desde muy pequeños sepamos interpretar el paralenguaje concreto que tiene cada estado de ánimo. Es decir, se sabe si una persona está contenta o triste por el tipo de comunicación vocal con la que acompaña su mensaje, y se le da más credibilidad incluso que al contenido. Cada estado afectivo tiene un paralenguaje similar al que se expresa en el cuadro siguiente:

Estado afectivo	Volumen	Tono	Timbre	Velocidad	Inflexión	Ritmo	Elocución
Afecto	Suave	Grave	Resonante	Lenta	Firme	Regular	Ligada
Cólera	Alto	Agudo	Brillante	Rápida	Irregular	Irregular	Entrecortada
Alegría	Alto	Agudo	Brillante	Rápida	Alta	Regular	Ligada
Tristeza	Suave	Grave	Resonante	Lenta	Baja	Irregular	Ligada

El paralenguaje y la respiración están estrechamente relacionados, porque el primero se desnaturaliza cuando la segunda se ve alterada. El efecto inmediato de esta alteración es que la comunicación sufre disfunciones. Para generar una comunicación fluida se necesita llegar al momento en que esta se produce sin problemas de respiración. De hecho, estos problemas pueden ser un termómetro claro que indique a la audiencia, por ejemplo, que quien habla está nervioso. El exceso de adrenalina que genera el estrés ante una intervención pública se manifiesta a menudo con una respiración alterada que la audiencia traduce como que el emisor no lo está pasando bien. Por ello, muchos conferenciantes hacen ejercicios de respiración antes de una charla. Estas prácticas son claramente recomendables de cara a facilitar un paralenguaje adecuado.

Algunos de los aspectos que se deben tener en cuenta en la comunicación vocal (paralenguaje) cuando se prepara cualquier intervención pública son:

- **Coherencia entre lo que se dice y el paralenguaje que se utiliza.** Cuando la brecha entre ambos aspectos es destacada y se visualiza como incoherente, se produce el denominado efecto Iniesta, en alusión al exjugador de fútbol del FC Barcelona, que, a menudo, se expresaba en las declaraciones públicas de alegría de manera un poco pusilánime, sin que se percibiera ninguna emoción. El discurso verbal iba por un lado y el vocal, por otro. La audiencia capta con facilidad esta fisura, y esto resta credibilidad al mensaje. En definitiva, la gente da más importancia al lenguaje vocal que al verbal.

- **Velocidad: 140 palabras por minuto.** Se trata de un estándar que es aceptado cómodamente por la mayoría de la audiencia. Hablar muy por debajo de esta velocidad puede incomodar a quien escucha. Hablar muy por encima puede generar la impresión de que el público está siendo ametrallado comunicativamente. El cambio en la velocidad utilizada durante cualquier intervención puede ser un recurso para intentar llamar la atención. De hecho, la variación del paralenguaje es un recurso que funciona para no perder con tanta facilidad la atención de la audiencia.

- **No gritar.** El volumen que emite el emisor es trascendente en la eficacia comunicativa. Sea por mucho o por poco, sirve para captar la atención. Se debe conseguir utilizar el volumen de acuerdo con los intereses prefijados, y esto requiere preparación. Si el volumen es muy alto, parece claro que se captará la atención, pero, aunque parezca lo contrario, el mismo efecto se produce cuando se habla muy bajo. Hablar en voz baja también es una manera natural de captar el interés de la audiencia y es un recurso muy utilizado, por ejemplo, en las aulas. Muchas veces resulta más efectivo que gritar. Sea como sea, habría que evitar tanto que nuestra audiencia perciba que se está chillando como que no llegue a entender, porque no lo oye, lo que se le está comunicando. Las técnicas de proyección de la voz ayudarán a utilizar el volumen correcto para llegar allí donde se necesita. En espacios grandes, la microfonía debería ayudar a alcanzar el volumen óptimo.

- **Ritmo y silencio.** El ritmo supone la alternancia de sonidos que se reproducen periódicamente en un intervalo de tiempo. La diferencia rítmica la marca, entre otros aspectos, el silencio entre estos sonidos. Por lo tanto, cuando en cualquier intervención se dice que alguien tiene un buen ritmo o que la variación de ritmo es lo que ha hecho que no se volviera monótona, la clave de esta afirmación tiene como base el silencio. El ritmo tiene que ver con el silencio. La clave para hablar con un ritmo atractivo es saber usar bien los silencios, los cuales, además, juegan un rol central en cualquier interacción en la que dos personas exponen sus puntos de vista. El silencio es un recurso comunicativo de primer orden que tiene muchas finalidades, como, por ejemplo, generar expectativas. Se trata, pues, de un recurso comunicativo tan importante como el del sonido.

- **Cambio constante.** En general, la monotonía cansa. Cualquier hecho monótono, por repetitivo, conduce hacia la desconexión. Las nanas son canciones de ritmo suave y relajante que tienen como base musical la repetición rítmica. Sirven para adormecer a los niños pequeños. Cualquier repetición rítmica comportará desconexión. Con esta lógica, la monotonía conducirá a la desactivación de la atención. A menudo, podemos escuchar a personas con discursos muy interesantes pero que, por el ritmo monótono que utilizan al hablar, resultan poco atractivos. ¿Cómo se puede vencer esta situación? Con la variación y el cambio; evitando que nada se repita durante mucho tiempo. El cambio de paralenguaje es una buena actitud comunicativa para ayudar a la audiencia a seguir conectada. Los ponentes que más se hacen escuchar son los que utilizan un paralenguaje más variado.

- **Remarcar algunas palabras.** Durante una intervención, no todas las palabras pesan lo mismo. Unas son más importantes que otras.

Quien habla tiene la obligación de utilizar el paralenguaje pertinente en cada una de las palabras para que la audiencia las perciba de manera diferente. Hay varios recursos para hacerlo posible: generar una intensidad diferente al pronunciarlas, rodearlas de silencio (antes o después), decirlas en otro idioma, cambiar el tono cuando se pronuncian, etc. Cualquiera de estos elementos de paralenguaje puede acompañarse de otros recursos técnicos propios de las presentaciones públicas: proyección de diapositivas, vídeo... En todo caso, si una cosa tiene más importancia que otra, es necesario hacerlo notar; en este sentido, el paralenguaje ha de ser el recurso básico utilizado.

- **Modificar la percepción predeterminada que se espera.** Normalmente, cuando se habla frente a alguien, esta persona tiene una expectativa sobre cómo será la intervención. Sea porque conoce al emisor, sea porque conoce la situación en la que se producirá la intervención, tiene una idea preconcebida de lo que pasará. Por lo tanto, se tiene más o menos claro cómo irá todo. Romper esta expectativa se convierte en un captador natural de la atención. Si el público espera a alguien con un tono de voz concreto, un ritmo determinado y un volumen específico, pero quien habla no hace lo previsto, la audiencia, como mínimo, tenderá a prestar más atención.

- **Una vocalización que luzca.** A veces, la falta de comprensión de cualquier intervención tiene como principal consecuencia la desconexión de la audiencia, simplemente, porque el mensaje no llega con la claridad óptima a su oído y no se entiende con suficiente claridad lo que se está diciendo. La falta de articulación correcta de los sonidos fónicos de un texto dificulta su comprensión. Es en estos momentos cuando se habla de un problema de vocalización. Se trata de una situación muy habitual. Muchas veces no se produce por un problema fisiológico, sino por una mala articulación: demasiada rapidez a la hora de hablar, deficiencias en la inflexión de las palabras, falta de tensión comunicativa, pronunciación relajada, dicción confusa... La no correcta vocalización también puede revelar un bajo nivel cultural del emisor. Sea como sea, antes de una intervención pública puede resultar un buen consejo realizar algunos ejercicios de vocalización: repasar un texto con un bolígrafo en la boca, verbalizar algunos trabalenguas, hacer lecturas silábicas, etc.

- **La proyección: la voz debe llegar allí donde está la audiencia.** Hay que ser conscientes de que las cuerdas vocales, que son el origen de la voz, son un instrumento formado por dos cuerdas y una caja de resonancia. Por lo tanto, como cualquier instrumento, es importante cuidarlo y mantenerlo en perfecto estado. Cuando lo hacemos sonar, nuestro objetivo básico es hacer llegar la voz allí donde está la audiencia. El modo más natural de hacer llegar la voz al emisor es proyectarla o, lo que es lo mismo, dirigirla. Mediante la presión sobre los pulmones provocada por el diafragma se dirige aire al interior de la laringe y se provoca un sonido más denso y pastoso que es más fácil de orientar hacia donde se desea. Con menos esfuerzo y menos fuerza, se puede llegar más lejos sin necesidad de gritar ni de esforzarse mucho más. Se trata de una técnica utilizada por personas que tienen la voz como uno de sus instrumentos profesionales básicos, como profesionales de la radio, maestros, actores o cantantes. No obstante, si se habla delante de mucha gente o se está en un lugar muy amplio, la proyección de la voz no será la solución. La recomendación es que se utilicen sistemas de ampliación del sonido (microfonía).

Los expertos aconsejan que para hablar en público se utilice una intensidad media-alta, un tono medio-grave, una velocidad un poco más rápida de la que es habitual y un timbre medio-alto para conseguir una buena eficacia comunicativa. Sea como sea, todo dependerá de las condiciones en las que se encuentren aquellos que escuchan y de los objetivos y propósitos de la intervención. Lo que es innegable es que si alguien dice cosas amables, pero utiliza un paralenguaje inadecuado, se tenderá a dar credibilidad a este paralenguaje en detrimento de la amabilidad, que será puesta en duda. Por la vía del tono, el énfasis, el volumen, la inflexión, el timbre, la velocidad... se leen las emociones de quien habla y se definen las habilidades sociales. Un adecuado dominio del paralenguaje permitirá ser más persuasivos y generar confianza.

CONSEJOS PARA LA COMUNICACIÓN NO VERBAL

Todos los autores que investigan sobre comunicación coinciden en que la comunicación no verbal es, de todos los tipos de comunicación, la que concentra un volumen más alto de efectividad comunicativa. La primera impresión que causa una persona se produce después de siete segundos de contacto y se basa en su imagen. Lo que se quiere transmitir entra más por la vista que por el oído. En una sociedad basada en la imagen y en la que cada vez se lee y se escucha menos, lo que se ve de alguien acaba siendo lo que se acaba comunicando. Por este motivo la comunicación no verbal ha tomado un rol central en cualquier relación. De hecho, esta situación no deja de ser un retorno al pasado, porque cuando no existía el lenguaje verbal toda la comunicación que se producía entre humanos se generaba mediante la comunicación no verbal.

Para el análisis e interpretación de la comunicación no verbal se deben considerar dos aspectos centrales:

- **Es cultural.** Está basada en la zona del planeta y en la sociedad donde transcurre. Los gestos, las expresiones de la cara, el contacto táctil, los artefactos... adquieren significados diferentes según donde se producen.

- **Se lee por coherencia o incoherencia, congruencia y en función del contexto.** Un gesto aislado puede no significar nada si no se es capaz de interpretarlo en función del rol que juega dentro de una conversación, una reunión o un momento concreto.

Estos son algunos de los aspectos de la comunicación no verbal que deben tenerse en cuenta cuando se prepara cualquier intervención pública:

- **La gestualidad actúa como validador de lo que se está comunicando.** Cada mano está formada por veintiséis huesos, contando los ocho de la muñeca. Los científicos explican que hay más conexiones nerviosas entre las manos y el cerebro que en ninguna otra parte del cuerpo. El gesto ofrece credibilidad a lo que se dice. Si la gestualidad es adecuada a lo que se dice y al entorno donde se dice, será más creíble. De hecho, si cuando, por ejemplo, afirmamos que hay tres motivos para hacer cualquier cosa lo acompañamos con un gesto que indica el número tres con la mano, reforzamos el lenguaje verbal y lo hacemos más creíble. Además, está demostrado que la gestualidad está conectada cerebralmente con el lenguaje y el paralenguaje. Por tanto, si se hace un gesto concreto, se tenderá a generar una intensidad, un tono, un timbre, un volumen... concretos en la voz. Igualmente, resulta muy difícil hacer que sí con la cabeza mientras se dice que no, o al revés. Es también un tema de costumbre y de cultura.

La gestualidad presenta dos características básicas: por un lado, siempre tiene un eje sincrónico que regula la relación entre las dos manos (van acompasadas) y, por tanto, por ejemplo, no es habitual que se manifieste solo con una de las dos manos; por otro lado, no se desarrolla de manera tensa, es decir, para que se perciba natural, cuando se gesticula, todo fluye armónicamente. Puede ser de dos tipos: de acompañamiento (no tiene un significado concreto y simplemente trabaja de acuerdo con lo que se está diciendo) e ilustrativa (dibuja y refuerza lo que se está diciendo en el lenguaje verbal). Sea como sea, no se debe olvidar que la gestualidad es cultural y que, por tanto, hay que ir con cuidado con los gestos que se hacen porque estos no tienen el mismo significado en todas partes.

- **La cara lo dice todo.** La cara es como un mapa que permite interpretar el territorio emocional de quien habla. Un principio básico de la comunicación no verbal afirma que la cara explica mejor que ninguna otra parte del cuerpo, y que ningún otro lenguaje, lo que se está diciendo y, finalmente, lo que define a las personas. La gente ha dejado de escuchar y básicamente mira. Lo primero que ve un paciente cuando va al médico es la cara del doctor; los compañeros de trabajo lo primero que hacen cada día es mirar el rostro de sus colegas; la pareja con quien se convive observa la cara de su interlocutor cuando le está contando cualquier cosa. Y a partir de la cara se produce la primera interpretación sobre si lo que se dice es verdad o mentira, sobre la expectativa de lo que se dirá a continuación. La cara es central desde el punto de vista comunicativo. Hay personas que tienen caras más expresivas que otras, pero el rostro es siempre un confirmador o validador de la comunicación. Hay más de doscientos músculos en la cara y los humanos no disponemos de la habilidad de controlarlos todos de manera independiente. Las técnicas de detección de la mentira se basan en los movimientos de los músculos de la cara; se han desarrollado *softwares* que leen los microgestos de los músculos y validan si lo que se dice es cierto o no. La cara es el espejo del alma.

- **La cara y los gestos son claves para saber si se dice la verdad.** Además de la información suministrada por la cara, hay siete gestos que se repiten en muchas de las actitudes propias de la mentira: taparse la boca, tocarse la nariz, rascársela, frotarse un ojo, tocarse la oreja, estirarse el cuello de la camisa y ponerse los dedos en la boca. No se trata de hacerlos todos, ni de que cuando una persona miente tenga que hacer necesariamente estos gestos, pero las farsas suelen contenerlos. Cuando alguien nos conoce muy bien, mirándonos a la cara puede detectar si es cierto lo que explicamos.

- **La mirada debe ser focal.** No hay nada que genere más distancia emocional que alguien que te habla o te escucha mientras mira un teléfono móvil. Por mucho que el cerebro tenga la capacidad de hacer más de una cosa a la vez, la mirada genera la percepción de que aquella acción que la acompaña es la principal. Los humanos podemos mirar un dispositivo móvil y hablar a la vez, pero la percepción que se genera es que no estamos suficientemente atentos o que lo que nos cuentan no nos interesa lo suficiente.

La mirada es el wifi de la comunicación. Cuando dos personas se miran, lo que se dicen es que están conectadas. Cuando se habla con alguien, lo normal es mirarle a los ojos. Es lo que se denomina mirada focal. Y si hay más de una persona, se debe intentar mirarlas a todas. Si se está pronunciando una conferencia y se tiene delante a decenas de personas, se debe intentar mirarlas a los ojos tanto como se pueda y hacerlo con tantas personas como sea posible. Hacer barridos con la vista. Es la manera más efectiva de que tengan la sensación de que a quien se está hablando es a ellos, y, por tanto, la consecuencia más evidente será que se sentirán parte de ese evento y se integrarán con más facilidad.

Es evidente que no es lo mismo hablar a muchas personas a la vez que a una sola. Cuando se está en esta última situación, la mirada debe tener puntos de escape, también denominados microfugas. Solo se mira fijamente a alguien, sin microfugas, en dos situaciones: si se le está retando o si se está enamorado.

La mirada es, por tanto, un primer paso hacia la comunicación eficiente. De hecho, si se saben interpretar, los ojos pueden ser una señal muy clara del estado emocional del interlocutor. Por ejemplo, las pupilas tienden a dilatarse cuando se está ante una situación que resulta placentera.

- **La sonrisa es el empatizador más rápido.** Si la mirada es el primer paso hacia una comunicación eficiente, la sonrisa es la manera de empatizar más rápida que tenemos los humanos. Cuando dos animales se encuentran el uno frente al otro, surge un instinto primario: ¿es un peligro o no? Cada especie ha desarrollado sus protocolos para analizar y afrontar esta situación. Los humanos tenemos la sonrisa. Una persona que sonríe está lanzando un mensaje claro: no soy un peligro. Por tanto, a partir de la sonrisa, se tranquiliza este sistema primario, por mucho que se sepa que la complejidad de los humanos es tan grande como para no descartar que se tiene delante una amenaza por más que sonría. La sonrisa sincera, sin embargo, se manifiesta en los ojos, y no solo en los labios. Las arrugas conocidas popularmente como «patas de gallo» son el indicador manifiesto de que esa sonrisa es sincera. Por el contrario, una sonrisa expresada tan solo con los labios tiende a generar distancia y desconfianza.

  No es el momento de hacer un panegírico de la sonrisa, porque ya hay suficientes investigaciones que hablan de sus bondades, pero en términos de comunicación no verbal la sonrisa es un gran activo. Siempre me han llamado la atención aquellas investigaciones que explican beneficios sorprendentes de la sonrisa, como que la gente que sonríe vive más, tiene más amigos o cuenta con más habilidades sociales. Pero en términos comunicativos lo que es innegable es que la sonrisa sincera es un buen camino para conseguir los objetivos. Mirando a los ojos a los interlocutores y sonriendo tenemos resuelto el 80% de la efectividad comunicativa; según cómo, es mejor no hablar demasiado, porque con las palabras todavía se puede estropear todo lo que se ha conseguido con la mirada y la sonrisa.

- **Cualquier ropa o complemento condiciona la comunicación.** Este apartado no trata tan solo de la ropa con la que uno se puede vestir, sino que habla de todo lo que una persona se puede poner para modificar, matizar o complementar su imagen pública. En términos de comunicación no verbal, cuando se habla de *artefactos* se hace referencia a los siguientes aspectos: ropa, maquillaje, perfume, complementos (gafas, relojes, pulseras, collares), zapatos... Cada uno de nosotros es aquello que ve en el espejo cada mañana cuando se levanta. A partir de ese momento se produce un proceso de transformación, en algunos casos casi mágico, para modificar el cuerpo de acuerdo con las condiciones de lo que se podría denominar yo social o, lo que es lo mismo, el yo que interactuará durante esa jornada con el resto de humanos. Por lo tanto, normalmente, no se acostumbra a vestir igual un domingo que un día de cada día. Si se fuera en chándal a la oficina, más allá de los entornos en que este hecho puede considerarse habitual, todo lo que se pudiera decir públicamente estaría condicionado por este hecho, y muy posiblemente el entorno estigmatizaría a quien lo dijera por el tipo de ropa y complementos que llevase. Recuerdo que hace unos años vi por televisión una entrevista a un dirigente sindical en la que el líder político lucía un reloj Rolex, que mostraba sin ningún tipo de miramiento. No se trata de significar nada negativo sobre esta marca y tampoco quiero hacer ninguna simplificación fácil, pero estoy convencido de que el complemento en cuestión condicionó en muchas personas el discurso que el político mantenía, en el que sostenía que era cercano a la austeridad y a la necesidad de hacer ciertos sacrificios sociales y laborales. Defiendo que, por norma general, los artefactos que se utilizan deben tender a ser neutros comunicativamente y que es recomendable que el recuerdo que quede de aquel que ha hablado no sea, simplemente, la ropa o los complementos que lucía, siempre que la voluntad no sea esta.

- **El entorno mejora o perjudica cualquier intervención.** ¿Verdad que queda claro que no es lo mismo hacer cualquier tipo de comunicación pública en un espacio exterior que en uno interior? ¿O hacerla en una sala pequeña y mal iluminada que en un despacho grande y con plantas? Cuando se aborda esta situación, se habla del entorno que forma parte del proceso comunicativo no verbal. Lo que se dice está condicionado por el lugar en el que se dice y por sus características. Dentro de este apartado hay que tener presentes aspectos como la iluminación, el tipo de color que envuelve el espacio en cuestión, la presencia o no de otras personas que acompañen la comunicación de aquel que habla, si se oye bien o no, el estilo arquitectónico del lugar, la existencia o no de objetos en el entorno como plantas o decorados, etc. Todos estos aspectos acompañarán el proceso comunicativo y lo condicionarán. Está demostrado que, en una intervención pública, una sala pintada de rojo genera más tensión que una en la que el color de la pared sea más neutro o que las salas de reuniones donde hay plantas hacen que los encuentros duren menos porque se llega a acuerdos con más facilidad.

- **La posición en el espacio define el rol.** El presidente del consejo de administración de una empresa no suele sentarse en la esquina de la mesa de reuniones; se sienta o bien en la cabecera de la mesa o bien en el centro. El profesor tiene un espacio en el aula dirigido a impartir la docencia, y este hecho lo condiciona. El espacio marca el rol de quien lo ocupa. En términos técnicos se habla de proxémica. Los humanos somos animales territoriales por naturaleza. Tendemos a sentarnos siempre en el mismo lugar, ya sea en la mesa del comedor o en el aula cuando vamos a clase. Nos sentimos más confortados en este espacio que en cualquier otro. Este hecho condiciona la comunicación y ofrece un rol concreto en la relación con los demás y con el entorno.

Dentro de la proxémica también se incluye la denominada distancia interpersonal o el espacio físico existente entre las personas que se relacionan, que varía en función de la persona y de las circunstancias en las que se produce la interrelación. Hay cuatro tipos de distancia interpersonal: íntima (dirigida a personas de mucha confianza, porque se sitúa por debajo de los cuarenta y cinco centímetros entre ambos interlocutores); personal (para la relación entre pocas personas que interactúan); social (para dar una conferencia, una clase...); y pública (orientada a espacios muy grandes y mediatizados). Por lo general, los principales problemas se producen en la distancia personal. Esto ocurre porque los humanos tendemos a generar una burbuja de protección en nuestro entorno —que no es de las mismas dimensiones en todos los casos— y surge una cierta incomodidad cuando alguien la invade. Una relación entre dos personas puede resultar especialmente molesta si una de ellas invade la distancia personal de la otra y a la vez, por ejemplo, tiende a tocarla (hay personas que mientras hablan, sin ser del todo conscientes, tocan a su interlocutor). En estas condiciones, sin que necesariamente se diga nada incómodo, se puede acabar importunando a la persona con quien se habla.

- **El tacto ofrece información sobre quien habla.** Cuando dos personas se saludan y se dan la mano, empiezan a funcionar los primeros mecanismos comunicativos entre ellas. Según Allan y Barbara Pease, hay varias maneras de dar la mano: tipo pescado húmedo, quebrantahuesos, mango de la bomba, dislocador, punta de los dedos... Cualquiera de ellas ofrece, desde el primer momento, un primer perfil de la persona que se tiene delante, aunque prácticamente no haya dicho nada. Se trata del tacto y no solo funciona entre humanos. Recuerdo una reunión en la que un cliente —diría que sin ser del todo consciente— tocaba la libreta en la que yo apuntaba algunos de los acuerdos a los que llegábamos. Seguramente sin ningún tipo de mala voluntad por su parte, la situación me incomodó. No me tocaba a mí, pero tocaba un objeto que era mío. El tacto informa y condiciona. Como muchos de los aspectos de la comunicación no verbal, este también depende de la cultura, la sociedad y la situación concreta en la que se produce. La sociedad latina es mucho más táctil que la japonesa. Por lo tanto, hay que adaptarse a la cultura táctil de la audiencia.

La mayoría de las investigaciones están de acuerdo en el hecho de que las palabras tienen como finalidad básica la transmisión de información. Pero el lenguaje de la comunicación no verbal sustituye las palabras y las condiciona. El lenguaje del cuerpo a menudo es un reflejo externo de la condición emocional de quien habla. Este lenguaje tiene una parte congénita, una parte social y una parte genética, y el resultado acaba siendo la suma de las tres. Los humanos tenemos la capacidad de modificarlo en función de nuestra voluntad, y este hecho resulta central para poder conseguir nuestros objetivos cuando comunicamos. Nada de lo que se ha apuntado en este apartado es trascendente por sí mismo; ahora bien, la suma de cada uno de los aspectos mencionados puede condicionar la manera en que se producen las relaciones entre las personas. Se podría decir que cualquiera de las cosas que se hacen, en términos de comunicación no verbal, no hace fracasar una intervención, pero la suma de los detalles de cada uno de los aspectos mencionados sí puede conducir al éxito.

II
LOS CAMBIOS DE LA COMUNICACIÓN MEDIATIZADA POR DISPOSITIVOS DIGITALES

4

PASANDO DEL *QUÉ* AL *CÓMO*

La tensión entre fondo y forma es clásica en nuestro mundo y también en la comunicación. Esta relación se ve constantemente expuesta al debate público en disciplinas como la arquitectura, el diseño, la estética, el interiorismo o la literatura. Lo que se dice y el cómo se dice son parte de un mismo concepto que debería tratar los mismos objetivos o, como mínimo, son complementarios. Puede que necesiten expresarse de manera diferente, pero deben responder a unos objetivos definidos. El *fondo* es lo que se dice, aquello de lo que se está hablando, el contenido que se está comunicando. La *forma* es cómo se dice, la estructura que toma el tema, los recursos que se utilizan, los elementos que lo rodean. Cualquier acción comunicativa tiene el presupuesto de que dispone de ambos elementos. Cuando se comunica, intrínsecamente, se está recibiendo tanto la forma como el fondo, y, por mucho que no se explicite, se tiene la conciencia de que ambos aspectos forman parte del mismo mensaje.

En términos comunicativos, forma y fondo configuran una relación que se ve influida por los siguientes aspectos:

1. **La temporalidad.** La forma es lo primero que se descubre cuando alguien habla. Es la carta de presentación. Es lo que se analizará primero. Por lo tanto, se podría decir que trabaja antes que el fondo. De hecho, cuando entramos en un edificio, en un avión, en una casa, lo primero que vemos es lo que en términos del mercado de seguros se conoce como continente. A partir de aquí, se produce una primera valoración y se genera una cierta expectativa sobre lo que habrá dentro, o sea, sobre el fondo.

2. La profundidad de la atención. En un mundo donde cada día más se deja de escuchar y el lenguaje visual ha canibalizado el resto de lenguajes, el grado de profundidad al que se llega sobre aquello que se está recibiendo o consumiendo condicionará la interpretación que se haga del mensaje, tanto de la forma como del fondo. Si, por ejemplo, en una conferencia se tiene un grado de escucha leve, es muy posible que el nivel de profundidad comprensiva que se haga de esa situación no permita entrar en un conocimiento exhaustivo del fondo. Todo quedará en una lectura más de forma que de fondo. De alguna manera, pues, la forma ocupará un espacio naturalmente dirigido al fondo porque este nunca habrá entrado a formar parte de la comprensión del mensaje.

3. Las mismas características tanto de la forma como del fondo. Las propiedades concretas que tomen tanto la forma como el fondo condicionarán lo que se diga. En este sentido, se puede encontrar tanto una forma como un fondo que sean muy superficiales y que transmitan vacío; por ejemplo, unas palabras en una intervención que no aporten nada a lo que se está explicando por mucho que formal o estéticamente queden bien. Pero también puede pasar todo lo contrario. Por ejemplo, cuando miramos un edificio, la forma que tiene nos ofrece una información sobre cómo será el fondo que encontraremos en el interior y nos sugiere una referencia sobre la estructura interna. O sea, con una visión parcial del conjunto se genera una percepción del todo. En estos casos, si la relación entre forma y fondo es coherente, el resultado tenderá a ser eficiente.

La crisis de la COVID-19 ha condicionado la relación entre forma y fondo en las relaciones sociales porque ha digitalizado muchos de los procesos comunicativos, y en la digitalización la forma adquiere un papel más relevante. La sociedad ha tendido, o bien a sustituir el *qué* por el *cómo*, o bien a hacer del *cómo* una parte del *qué*. Este hecho es especialmente importante en la comunicación digital, ya que este tipo de comunicación se ve fuertemente influida por sus propias condiciones de uso, que son, entre otras, las siguientes: la velocidad, el poco tiempo del que se dispone para consumir un producto digital, la multitarea... Estas condiciones han facilitado un consumo más cercano a la forma que al fondo, y, como la asunción del contenido normalmente necesita un tiempo del que no se dispone, la forma ha tendido a convertirse en parte del fondo.

En la red funcionan con más diligencia los contenidos que dan más importancia a la forma que al fondo. Por lo tanto, triunfan los contenidos que tienen las siguientes características:

- ➡ Duran poco.
- ➡ Son muy visuales.
- ➡ Se pueden consumir mientras se hacen otras cosas.
- ➡ Son fáciles de encontrar.
- ➡ Entretienen y son divertidos.

Todas estas características conllevan un cambio comunicativo trascendente: la prevalencia de la forma respecto del fondo. El volumen de horas que los humanos pasamos conectados en red se ha incrementado de forma exponencial. Hemos cambiado muchas de las comunicaciones que hacíamos presencialmente y las hemos trasladado hacia el ámbito *online*. Por tanto, las características que tienen las comunicaciones *online* han influido en nuestra comunicación diaria. La comunicación en internet tiene más forma que fondo, porque la lógica del medio que la soporta, sumada a las características de la evolución social que acompaña la revolución digital, la orienta de esta manera. La forma ha tomado relevancia y se ha convertido en parte del fondo.

Disponiendo de poco tiempo, sin paciencia, buscando el camino más fácil, haciéndolo a la vez que se hacen otras cosas y, sobre todo, pensando que sea divertido, una parte del fondo de nuestras comunicaciones se ha diluido en las características del medio internet. Este hecho, que puede ser leído en negativo, tiene una vertiente claramente positiva: la red orienta a trabajar la forma mucho más de lo que se hacía hasta ahora y, como ya se ha dicho, la forma también comunica y explica mucho de lo que es el fondo. Por tanto, ahora es más necesario que nunca cuidar el formato que toma cualquier mensaje, porque este ha pasado a formar parte del contenido. Sin esta atención, la comunicación se puede desnaturalizar y, al contrario de lo que se podría percibir, llegar sin tanta claridad a la audiencia.

5

REGLAS BÁSICAS PARA ESTABLECER UNA COMUNICACIÓN EFECTIVA EN LA COMUNICACIÓN *ONLINE*, REMOTA Y VIRTUAL

Explica el arqueólogo y experto en internet Genís Roca que el cambio profundo que se vive con la llegada de las redes sociales a nuestra vida es producto de una sucesión lógica basada en situar en el centro de las relaciones a las personas y los teléfonos móviles en lugar de las empresas y el web, que es lo que había acaparado internet desde que se popularizó. El cambio se vuelve exponencial cuando, desde hace pocos años, los sensores instalados en los objetos pasan a ocupar este espacio central. Es en el momento en que las cosas empiezan a hablar entre ellas (*Internet of Things*) cuando se considera que el paradigma cambia y se pasa del «no me encuentro bien y, por tanto, llamaré al médico» al «me ha llamado el médico porque dice que no me encuentro bien». Es un cambio que nos dirige hacia un nuevo tipo de servicios fundamentados en la proactividad y la personalización, basados en datos y servidos en tiempo real.

En este marco, la comunicación diluye su esquema tradicional afianzado sobre la base de un receptor, un emisor, un mensaje y un canal. Esta relación, que ha sido estática durante mucho tiempo, ahora se pone en duda. Hoy día, hay muchos más aspectos que condicionan la comunicación y que, por tanto, la hacen más compleja. Cada vez resulta menos trascendente lo que dice el emisor, que hasta hoy era la piedra angular del proceso comunicativo. Ahora también es importante lo que responden los consumidores, los *influencers*, la sociedad en general e, incluso, lo que dicen las cosas, porque hay que ser conscientes de que las cosas hablan entre ellas. No se trata tan solo de generar tráfico comunicativo, de aumentar el volumen de comunicación con la idea de que cuanta más comunicación haya más fácil será llegar a los objetivos y propósitos. Ahora se trata de liderar la relación comunicativa. Se están reescribiendo las reglas del marco comunicativo. Lo que realmente es significativo es ser eficaz y efectivo. Por lo tanto, en nuestros tiempos se trata de generar eficacia. La comunicación, hoy, o es eficaz, o no es.

Se puede considerar que una comunicación tiene eficacia cuando produce el efecto deseado o que va bien para alguno de los objetivos propuestos, cosa que explicita que la comunicación debe disponer de objetivos. Se puede cuestionar si el efecto deseado o los objetivos son razonables, o incluso sostenibles, pero serán buenos, en términos comunicativos, si son eficaces. Para conseguirlo, el único camino posible es la preparación. La improvisación puede llevar a una vía muerta. Cualquier comunicación necesita un proceso de preparación más allá de los recursos y de las técnicas utilizadas. Se trata, pues, de proponer unas fases conceptuales que explícita o implícitamente deberían estar presentes siempre que se prepara una intervención pública *online* o en remoto.

**Fases conceptuales para preparar
una intervención pública *online* o en remoto**

1. Definir el propósito
2. Analizar la audiencia
3. Preparar la estructura. *Storytelling*. Inicio y final de la intervención
4. Captar y mantener la atención
5. Generar confianza
6. Construir conexión

---

1. Definir el propósito. Si las cosas no tienen un propósito, no tienen dirección. El propósito es el que marca la determinación y los objetivos a los que se pretende llegar. El objetivo es más específico que el propósito. Este último es más intencional, es como si fuera más una ruta que una meta. Concretar el propósito significa concretar el lugar donde se quiere llegar, y es el primer paso indispensable para preparar una intervención y para comunicar en digital.

2. Analizar la audiencia. ¿Con quién hablamos? ¿Con quién nos comunicamos? ¿Quién hay detrás de la pantalla? Es, posiblemente, uno de los desafíos más complicados en la comunicación remota. A menudo, cuando se está interviniendo ante una pantalla, y no se ve a nadie, se puede tener la sensación de que se está hablando con una máquina y ya está. Difícilmente se puede encontrar un entorno más inhóspito. Pero hay que esforzarse, previamente al inicio de la intervención, en pensar en la audiencia de una manera concreta, en visualizar con quién se comparte pantalla. Esto facilitará que el proceso comunicativo sea más concreto. Si sabemos con quién hablamos, nos será más fácil que nos entiendan. Para desarrollar la visualización de la audiencia, escribir sus características (imaginándolas) nos puede ayudar: edad, profesión, aficiones, estrato social, etc.

3. Preparar la estructura. *Storytelling.* **Inicio y final de la intervención.** Cuando se habla en público, o ante alguien, se debe ser capaz de generar un hilo conductor que ligue toda la intervención. Se trata de lo que se denomina *storytelling*, también definido como «el arte de contar una historia». En términos de *marketing*, consiste en conectar a quien está hablando con el mensaje que está pronunciando. Pero la idea básica tiene que ver con el hecho de desarrollar una intervención que esté ligada y estructurada, que tenga una cierta unidad. La estructura ayudará a compactar y hacer coherente el discurso. El orden toma un papel fundamental en la comunicación remota. Las intervenciones *online* necesitan, más que ningún otro tipo de comunicación, tener orden y estructura. En la comunicación presencial se producen muchas más pistas explícitas sobre el marco global que sostiene la intervención. En las comunicaciones remotas se va mucho más perdido. Ser ordenado facilitará el trabajo. Con esta voluntad, el inicio y el final de la intervención pasan a tener un papel destacado. No solo porque son los dos momentos en los que se dispone de más atención de la audiencia, sino también porque sirven para captar la atención al inicio y resumir todo lo dicho al final. Son dos momentos estratégicamente muy importantes.

4. Captar y mantener la atención. Se trata del reto por excelencia al que nos enfrentamos cuando intervenimos en remoto. Se ha desarrollado una cultura comunicativa basada en el hecho de que todo lo que pasa en una pantalla tiene unos altos niveles de dinamismo y de intensidad. De repente, en cualquier intervención *online*, nos enfrentamos a un tipo de conexión basada, fundamentalmente, en caras y, por tanto, con un nivel de movilidad más bien bajo. ¿Cómo se puede captar la atención, en estas circunstancias? Y más difícil todavía: ¿cómo se puede mantener dicha atención? Una alta dedicación a la preparación de lo que se quiera comunicar es la línea a seguir. De eso no hay ninguna duda. Si los conceptos que rigen la comunicación en una pantalla son el dinamismo y la intensidad, hay que adaptarse a estas circunstancias y condiciones. Se ha de lograr que las intervenciones sean dinámicas e intensas. El dinamismo se conseguirá con energía, diligencia y rapidez. La intensidad se basa en condensar, en el mínimo tiempo, la máxima cantidad de información posible.

5. Generar confianza. Suponiendo que se haya conseguido captar la atención y mantenerla, el paso siguiente para lograr eficacia en la comunicación es generar confianza en la audiencia; así se facilita el pacto tácito basado en invertir un cierto tiempo y esfuerzo en el emisor, que comunica a cambio de unos resultados deseados. La confianza se fundamenta en la esperanza y, por tanto, es un sentimiento. Sirve para creer y asociarse con alguien, o alguna organización, con la idea implícita de que con ello se conseguirán unos objetivos. Esta confianza, que normalmente genera empatía, se mantendrá como un pegamento que permitirá conectar al emisor con sus interlocutores. Se trata de trabajar la relación comunicativa también desde los sentimientos.

6. Construir conexión. Es el último de los pasos necesarios para conseguir ser eficaz en cualquier comunicación *online* y remota. Se produce cuando se ha logrado captar la atención y generar confianza. Solo a partir de estas situaciones se construye la conexión que permite hacer válida la interrelación y trabajar con la máxima eficacia comunicativa. La conexión se fundamenta en el trabajo colaborativo entre emisor y receptor. Aquello que se está comunicando pasa a ser asumido por el receptor, ya sea porque le afecta, porque se siente involucrado, porque no está de acuerdo... Se ha generado una conexión emocional que asegura que la comunicación tendrá más durabilidad. Cuando se consigue generar conexión con la audiencia, el proceso se vuelve altamente eficaz.

En plena revolución digital, llegar a construir una conexión con la audiencia a través de la digitalización no es fácil. Conseguir transformar las interacciones en emociones es un reto, porque, tanto en las relaciones digitales como en las presenciales, no se está acostumbrado a ello y porque siempre resulta más distante la interacción digital que la analógica. En el decálogo siguiente se intenta **sintetizar y resumir los diez aspectos básicos para establecer una comunicación efectiva en la comunicación *online* y remota,** a la vez que se definen algunos de los aspectos clave que debe tener la preparación de una intervención desde un punto de vista más conceptual.

Decálogo para establecer una comunicación efectiva en la comunicación *online* y remota

1. Prepararse es el único antídoto que puede rebajar el estrés y dar posibilidades de éxito a la comunicación.

2. Definir los objetivos y el propósito. Los objetivos son finalistas, el propósito es más tendencial.

3. Preguntarse por la audiencia mientras se prepara el discurso. Quién se tendrá delante y cuáles son los elementos para establecer vínculos comunicativos.

4. Imaginar a la audiencia. Es positivo dibujar un perfil del receptor y, cuando se hable a la pantalla, hablarle a él.

5. Durante la preparación de la comunicación resulta eficaz hacerse una estructura simple de cómo se organizará la intervención. Después ya se llenará de contenido. La estructura ofrece orden, que es imprescindible en la comunicación *online*.

6. Cuando se trabaje en esta estructura, habrá que pensar en los ejemplos que se utilizarán en cada uno de los puntos en los que se debe estructurar el discurso y en el hilo conductor que debe articularlo.

7. Pensar en un inicio y un final que estén relacionados. Si se trata de un ejemplo, el final puede ser el desenlace de lo que se ha explicado en el inicio. El principio y el final son momentos clave y deben estar bien preparados.

8. Transmitir energía y diligencia. Hay que prepararse para intervenir con un destacado grado energético.

9. Desarrollar la intervención por debajo de las expectativas de tiempo que tenga la audiencia. Si se nos pide que hablemos durante diez minutos, es mejor hacerlo durante ocho y basta. Nadie echará de menos los dos minutos restantes y nos obligará a ser más concretos.

10. Pensar en cómo conectar emocionalmente con la audiencia. Es el único camino hacia la construcción de la conexión y una garantía para captar la atención y mantenerla.

6

PREPARAR EL ENTORNO Y
LA CONEXIÓN

Durante la crisis de la COVID-19 ha sido necesario incorporar a nuestro día a día un número ilimitado de plataformas para llevar a cabo las conexiones profesionales o personales (Zoom, Webex, Meet, Teams, Whereby, Skype...). Así pues, si antes de 2020 hacer una videoconferencia podía tener, en según qué ámbitos, un toque de esnobismo, ahora es un hecho habitual que obliga a preguntar, antes de fijar una reunión con alguien, si ese encuentro será en remoto o presencial y si se utilizará un sistema u otro para conectarse. Y, por tanto, lo que antes habría supuesto la realización, prácticamente, de un proyecto de digitalización de la actividad profesional ahora es un hecho cotidiano que posiblemente ha llegado y perdurará más allá de la crisis sanitaria que lo ha impulsado. Por lo tanto, la comunicación en remoto se incorporará —de hecho, lo ha hecho ya— a nuestro día a día, y resulta del todo imprescindible prepararla de la misma manera que se prepara una intervención presencial.

El cambio de comunicación presencial a remota ha sido tan repentino que no se ha podido prever. Este hecho ha generado un número indeterminado de disfunciones que, generalmente, han ido en contra de la eficacia comunicativa. Pero ahora que ya está claro que este tipo de comunicación ha venido para quedarse, errar en algunos aspectos puede generar una percepción más propia, o bien de principiantes, o bien de personas poco cuidadosas.

Una vez preparada la intervención y hecha la reflexión pertinente sobre los objetivos y propósitos que se pretenden, sobre cómo es la audiencia, sobre cuál es la estructura que debe tener el discurso, sobre los ejemplos y el hilo conductor que se utilizarán, sobre el inicio y el final, etc., entonces deben prepararse el marco y las condiciones formales que tendrá esta comunicación. Es el momento, pues, de pensar en el fondo de pantalla, en el uso de espacios exteriores o interiores, en el sonido, en la iluminación, en el plano y la posición de la cámara y en los dispositivos que se pueden necesitar. Pueden parecer elementos superficiales, de detalle o exclusivamente formales, pero, como ya se ha explicado, en la comunicación digital la forma ha tomado parte del protagonismo que tenía en exclusiva el fondo, y estos elementos han ganado peso en el conjunto global de la transmisión informativa. Se expone, a continuación, una serie de consejos que se deberían tener presentes antes de comenzar las intervenciones *online* o remotas.

FONDO

Se considera fondo todo lo que se ve detrás cuando se está desarrollando una intervención a través de un dispositivo digital. A efectos técnicos, podría ser equiparable al fondo de pantalla (*wallpaper*) y, por tanto, tendría el objetivo de dar funcionalidad y personalidad a quien está hablando. Como siempre está presente mientras se está interviniendo, se puede considerar que forma parte de la comunicación y que, por tanto, debería ponerse al servicio de los objetivos y propósitos que tiene esa intervención. La solución más recomendable es que, o bien sean tan neutros como sea posible, o bien, si tienen algún tipo de connotación, que esta esté de acuerdo con los intereses de quien interviene y que, por tanto, no vaya en su contra.

Los fondos utilizados de manera más habitual, con sus pros y contras, son los siguientes:

- **Una librería.** La presencia de libros, como mínimo, sugiere que quien habla es quien los lee. Aunque los libros que aparezcan no sean de la persona que habla, la percepción que proyectan es que se trata de su biblioteca. Generan una idea de intelectualidad sobre el ponente. El tipo de biblioteca (de madera, metálica...) informa sobre el entorno donde se encuentra quien habla (despacho, hogar...). La clase de libros que se ven también transmite información. Por ello, si se usa este tipo de fondos, se debe evitar:
  - ▶ Que se vean libros que puedan generar una distorsión o un alejamiento del foco temático de la intervención.

Hay que evitar que se vean libros que puedan generar distorsión o que estén desordenados.

▶ Que los libros estén desordenados (por ejemplo, la combinación de libros en posición horizontal encima de libros en posición vertical genera este efecto).

▶ Que estos libros visibles sean contrarios a la idea o el concepto del que se está hablando.

▶ Que los libros compartan espacio con otros objetos que distraigan la atención de la audiencia, como retratos o figuritas.

▶ Que la librería se vea sucia.

• **Con cuadros de fondo.** Generalmente, este tipo de fondos no muestran los cuadros completamente. Por tanto, lo que se acaba viendo es una parcialidad que instiga a imaginar el resto. Acostumbran a producir un efecto de proyección sobre cómo será el cuadro y quién será su autor. El escenario puede ser muy diferente dependiendo del estilo pictórico. Sea como sea, se agradece una cierta unidad o concordancia del cuadro con el resto de elementos que se visualizan y con el estilo general del espacio. Si se usa este tipo de fondos, se debe evitar:

▶ Que los marcos estén muy definidos en un estilo u otro (por ejemplo, marcos especialmente contundentes, rústicos, decapados, de colores, etc.).

▶ Que se pueda percibir un cuadro de un valor extraordinario.

▶ Que los cuadros no estén colgados correctamente (por ejemplo, pegados con cinta adhesiva o con alguna de sus partes por fijar).

▶ Que los cuadros estén torcidos o no alineados con el resto de elementos que conforman el fondo.

▶ Que haya o muchos o pocos.

Hay que evitar que los cuadros estén torcidos o que sobrecarguen el espacio.

▶ Que se vean muy pequeños respecto del espacio que ocupan, o bien que lo sobrecarguen.

▶ Que los estilos pictóricos de las obras, o incluso de los marcos, no tengan nada que ver los unos con los otros.

• **Con estanterías.** La idea general que se aplica en este tipo de fondo es similar a lo que se puede desprender de los fondos con librerías. Cualquiera de los objetos que haya en la librería generará una información adicional sobre lo que se está diciendo y sobre quien utiliza este tipo de fondos. El supuesto sentido decorativo o museístico por el que se utilizan las estanterías, y que en los entornos familiares tiene interpretaciones muy personales, puede condicionar el mensaje que se intenta posicionar. La idea general que debería imperar, en este sentido, es que es mejor no utilizar estanterías de fondo en el entorno familiar o que, si es imprescindible, se «limpien» de todo lo que pueda ser malinterpretado por la audiencia. En entornos profesionales, este tipo de fondos es más habitual y, teniendo en cuenta el

El supuesto sentido decorativo por el que se utilizan las estanterías puede condicionar el mensaje que se intenta posicionar.

Conviene que las plantas gocen de buena salud, que estén bien arregladas y que no se perciba decrepitud.

contexto en el que se produce la comunicación y la menor personalización de los objetos, pueden resultar más neutrales.

- **Con plantas.** Normalmente las plantas, utilizadas como fondo para las intervenciones, por su condición de seres vivos y por su color (está ampliamente demostrado que el verde transmite tranquilidad, calma, prosperidad y salud), tenderán a generar la percepción de generosidad y sensibilidad. Por lo tanto, suelen ser un buen complemento de fondo de pantalla tanto en el exterior como en el interior. Sin entrar en detalles, porque ello conllevaría un debate casi botánico, no todas las plantas generan el mismo efecto. Resulta evidente que no es lo mismo mostrar un cactus que una orquídea, una hortensia, un rosal o una costilla de Adán. Si se opta por este tipo de fondo, se deberían tener en cuenta las siguientes recomendaciones:
  - ▶ Evitar la sobrecarga. La presencia de muchas plantas connotará el mensaje (interés excesivo por las plantas, entorno rural...).
  - ▶ Sería óptimo que las plantas gozaran de buena salud, estuvieran bien arregladas y no se percibiera decrepitud.
  - ▶ Pensar en la tipología de plantas que se quiere ofrecer, porque todas generan percepciones diferentes (por ejemplo, una planta carnívora).
  - ▶ Vigilar que la luz no provoque sombras distorsionadoras.
  - ▶ Pensar en la combinación que generan con otros objetos, como pantallas o estanterías.
- **Con cualquier otro elemento que explicite desde dónde se está produciendo la intervención.** Seguramente muchos se han cansado de asistir a intervenciones con fondos que, gracias a algún elemento u objeto, permitían identificar desde dónde se estaba hablando (una

mesita de noche, una tostadora, una plancha, maquillaje...). En este tipo de situaciones, el objeto que acompaña la comunicación sugiere el espacio desde el que se está produciendo la intervención. La idea es que no es necesario ver toda la cocina si se está viendo una tostadora. De hecho, la asociación se produce a partir de dos o tres elementos, aunque no se identifiquen del todo. Con la identificación parcial de más de un objeto se produce una composición de lugar muy clara. Que se identifique el espacio no es bueno ni malo en sí mismo, pero hay que saber que la audiencia lo puede acabar haciendo. Esto es especialmente significativo cuando algún objeto no se encuentra en el lugar que le corresponde y conduce a una lectura errónea de la situación. Por ello a veces, y ante la generación de esta percepción, puede resultar más recomendable no ocultar el espacio desde donde se comunica y mostrarlo con todo su esplendor (siempre que se pueda y sea pertinente).

Nunca se sabe qué es lo que puede pasar detrás de una puerta, es por ello que se desaconseja que actúen como fondo de las comunicaciones remotas.

- **Con puertas y ventanas.** En general, ventanas y puertas no tienen un papel recomendable como fondo de las intervenciones en pantalla, aunque por motivos diferentes. En lo referente a las ventanas, lo que más preocupa es el contraluz que normalmente generan. El tipo de cámaras que habitualmente se utilizan para hacer videollamadas no tienen las disposiciones técnicas necesarias para compensar la sobreexposición a la luz. El efecto que se acaba generando es que la cara de quien habla tiende a quedar oscura. En cuanto a las puertas, la dificultad radica en la inestabilidad que conllevan, ya que una puerta está pensada para entrar y salir. Es un objeto móvil que sirve para acceder a algún lugar y que, por tanto, se concibe como un objeto que facilita el paso. En las intervenciones remotas se han visto, más a menudo de lo que quizás algunos habrían deseado, puertas que se abrían a media intervención y aparecían niños, personas desinhibidas haciendo alguna otra actividad o bien vestidas (o desvestidas) de manera incoherente con el espacio en el que supuestamente se estaba desarrollando la comunicación. Las puertas, se supone que por su imprevisibilidad, siempre han resultado un espacio que tiende a ser mágico. Nunca se sabe qué es lo que puede pasar detrás de una puerta, quién aparecerá o qué se debe estar cocinando. Por ello se debe desaconsejar que actúen como fondo de las comunicaciones remotas.

  En menor medida, pero también con una significación parecida a la que tienen las puertas, actúan los fondos con armarios. Un armario es un espacio donde se guardan cosas que genera un imaginario sobre lo que puede contener. También se desaconsejan como fondo de las intervenciones remotas.

- **Una pared de color sin ningún complemento.** En general, una pared de color neutro como fondo tiende a generar equilibrio e imparcialidad, y, por tanto, se trata de un fondo muy recomendable si no se pretende añadir ningún otro tipo de connotación a lo que se está explicando. Inicialmente puede resultar frío, pero a los pocos minutos tenderá a desaparecer para la audiencia, que se orientará más hacia el mensaje que se está ofreciendo o, en su defecto, hacia otros aspectos, como los artefactos que lleva el emisor o la propia persona que está comunicando. Por ello, si se usa este tipo de fondos, hay que evitar:

- ▶ Colores excesivamente llamativos, connotados o contrastados (rojo, negro, una combinación que recuerde los colores de un partido político o de un equipo de fútbol...).
- ▶ Combinaciones de colores; es mejor optar por un único color.
- ▶ Que se vean imperfecciones en la pared (un clavo de un cuadro, una grieta, la marca que ha dejado un cuadro que se ha descolgado, marcas de humedad...).
- ▶ Que el color del fondo contraste de manera poco estética con la ropa o los artefactos que lleva quien habla.

- **Fondos digitales.** Se trata de recursos que se han popularizado desde la crisis de la COVID-19. Algunas de las plataformas de comunicación los llevan integrados, pero también se pueden encontrar en programario independiente en la red. Sustituyen el fondo real por otro que puede ser también real o creado digitalmente y que sugiere la idea de que quien habla está en un lugar en el que realmente no se halla. Los hay muy sofisticados, que incluso representan elementos que se mueven (árboles, nubes, relojes...). Si es necesario utilizar este tipo de recursos, se deben tener en cuenta los siguientes elementos:
  - ▶ Con movimientos muy rápidos o bruscos de la persona que habla, el proceso de digitalización puede acarrear algunas imperfecciones y difuminar las manos o dejar un surco detrás del movimiento que puede permitir, incluso, ver el espacio físico donde se encuentra quien habla.

Hay que evitar que se vean imperfecciones en la pared.

Hay que evitar aquellos fondos (decorados) muy irreales o que manifiesten una gran intervención técnica.

▶ Puede verse cuestionada la coherencia del fondo cuando, durante la intervención, y estando todos en un mismo huso horario, se hace de noche en todas partes menos en la ventana de quien lo utiliza.

▶ Se desaconsejan aquellos fondos que contrastan mucho con la ropa o con los artefactos que lleva puestos la persona que habla.

▶ Se debería buscar una cierta coherencia con el tema del que se habla o con las condiciones de quienes participan en la intervención. Puede resultar extraño que, por ejemplo, en un entorno profesional, donde se está discutiendo una reivindicación laboral, alguien aparezca con un fondo que simula que se encuentra en una playa del Caribe.

▶ Hay que evitar en lo posible aquellos fondos (decorados) muy irreales o que manifiesten una gran intervención técnica, porque al ser tan poco auténticos traspasan este atributo a lo que se está diciendo.

• **Otros fondos (cortinas, paredes de madera...).** En este caso lo que hay que destacar es que los entornos profesionales (trabajo) y los personales (hogar) están suficientemente delimitados en nuestro imaginario. Resulta bastante sencillo identificar si la intervención se está desarrollando en un lugar u otro. Hay una idea bastante clara, por ejemplo, de cómo son unas cortinas en un entorno profesional y cómo lo son en uno personal. A partir de esta idea se sabrá, con relativa facilidad, si quien habla se encuentra en un lugar o en otro. En este sentido, hay que indicar que el tipo de materiales utilizados o proyectados en los fondos, y que se perciben en la intervención, influyen sobre el tipo de comunicación que se proyecta. Así pues, la madera, dado que es un producto natural y vivo, genera más proximidad; los fondos con obra vista (ladrillos, yeso, hormigón...) son más distantes; los materiales metálicos generan más frialdad. En cuanto a los colores y volúmenes de estos fondos, se aplicarían conceptos muy similares a los que se han expuesto en los apartados anteriores.

ESPACIOS INTERIORES O EXTERIORES

El uso de un espacio interior o exterior para realizar cualquier intervención remota o virtual es, posiblemente, una de las primeras decisiones que se deben tomar. Como mínimo, esta elección se verá condicionada por los siguientes aspectos: la época del año en la que se encuentra quien debe participar en la intervención, las condiciones climatológicas, las posibilidades que hay de hacerlo o no (puede ser, por ejemplo, que no se disponga de ningún espacio exterior), el fondo que ofrecen tanto el espacio interior como el exterior, el tipo de intervención que se debe desarrollar, etc.

Para intervenir en ESPACIOS EXTERIORES se recomienda

➡ La luz natural, que, como su nombre indica, es más auténtica y tiende a homogeneizar la imagen. Hay que tener cuidado, no obstante, con el sol, las sombras que genera y los contrastes.

➡ Los espacios abiertos, los cuales normalmente ofrecen más profundidad de campo y alejan la idea de que se está en un lugar pequeño.

➡ Connotar el fondo, porque define más claramente desde dónde se está desarrollando la intervención (aunque no se identifique el lugar concreto, sí que se puede sugerir, por ejemplo, un entorno más urbano o más rural).

➡ Un fondo natural, aunque tenderá a ser más dinámico porque hay elementos que difícilmente se pueden controlar (viento, nubes, coches en movimiento, otras personas...); esto hace que aumenten las posibilidades de que ocurra algo inesperado que acabe acaparando la atención de los interlocutores.

Sea como sea, es mucho más habitual ver gente interviniendo en interiores que en exteriores. Posiblemente, se ha abusado de los espacios interiores en las comunicaciones en videollamada. A menudo, el espacio exterior ofrece una mejor alternativa, que no se ha considerado simplemente porque no se ha pensado en ello. No hay una pauta única para recomendar el uso de un escenario u otro, si bien se pueden tener en cuenta ciertas consideraciones según se tenga que intervenir en espacios exteriores (*ver cuadro de la pág. 74*) o interiores (*ver cuadro inferior*).

Del cómputo global de la conexión en un exterior, se desprende más autenticidad que en los fondos de espacios interiores, dado que la capacidad de manipulación global de lo que se está viendo es menor que en los espacios interiores.

Del cómputo global de una intervención en un interior, toma mucho protagonismo la mediación técnica y, por tanto, todo tiende a situarlo en la percepción de una mayor preparación e intermediación que la que se produce en los espacios exteriores.

Para intervenir en ESPACIOS INTERIORES se recomienda

➡ Alejar la cámara del sujeto que habla para ofrecer un plano más abierto que vaya más allá del torso.

➡ Intentar que el fondo sea lo menos connotado posible o que, si lo está, concuerde con los intereses de quien habla.

➡ Evitar estar muy cerca de la pared/fondo para generar una percepción de mayor amplitud del espacio que se ocupa.

➡ Procurar una iluminación indirecta y suficientemente compensada; en todo caso, hay que evitar los espacios muy oscuros o las penumbras.

➡ Intentar que haya pocos elementos de distracción en el entorno (otras personas, un espacio exterior que se pueda ver desde el lugar donde se produce la conexión, un televisor...); esto facilitará la concentración, de quien habla, en los interlocutores, que lo percibirán todo como más cercano. De lo contrario, como la vista también atenderá a otros objetos fuera de la visión de la cámara, el receptor creerá que no se está del todo integrado en la conversación.

SONIDO. PROYECCIÓN Y MICROFONÍA

El sonido ha adquirido un gran protagonismo en las intervenciones remotas. Se refiere a dos aspectos básicos: la voz y lo que se podría considerar otros sonidos. La voz es el sonido que se produce cuando el aire que retorna de los pulmones pasa por la laringe y, siguiendo las indicaciones del cerebro, hace vibrar las cuerdas vocales. Para su producción se utilizan los aparatos respiratorio y fonador y las cavidades de resonancia. La voz puede ser natural, o sea, no trabajada, o impostada, para conseguir sonidos más llenos y potentes. En las intervenciones remotas se tiende a una voz natural, siempre que no se busquen otras finalidades (composición coral, canto, ensayo teatral...). Con la voz no trabajada todo adquiere naturalidad. En general, no genera problemas especiales. Normalmente las dificultades sonoras en las intervenciones remotas se producen por errores como, por ejemplo, apagar la cámara y no cerrar el micrófono, o por la introducción de ruidos ajenos en la conversación. Algunas veces se puede establecer la conexión, pensada inicialmente como una videollamada, como si se tratara de una llamada telefónica. Desde el punto de vista técnico, y a efectos de conectividad, el sonido pesa mucho menos que la imagen, y, por tanto, anulando esta última, debería llegar de forma suficientemente nítida, clara y real. Es una solución para cuando se tienen problemas de conectividad.

No se debe menospreciar la idea de que vivimos en una sociedad que mira más que escucha, y, por lo tanto, difícilmente la imagen se verá amenazada por el sonido, comunicativamente hablando. Por mucho que en términos comunicativos el sonido llegara antes que la imagen, se tiende a supeditarlo a esta última. El paso por las redes tiende a distorsionarlo, y el uso de aparatos de reproducción poco sofisticados, a menudo, conduce a recibir sonidos que se identifican como enlatados, inverosímiles, demasiado resonantes y, en definitiva, poco reales.

Nosotros nunca escucharemos nuestra voz de la misma manera que lo hacen nuestros interlocutores. A ellos les llega directamente. A nosotros, si el proceso pasa por la digitalización de la voz, después de un triple paso:

1. La resonancia que se genera en nuestro cuerpo (la voz es un instrumento basado en las cuerdas vocales y en las cavidades resonantes).

2. El rebote de las ondas en espacios imperfectos que hay ante nosotros (la voz se convierte en ondas que se mueven y rebotan contra lo que

hay delante y vuelven a nosotros de manera distorsionada, afectadas por el rebote).

3. El proceso de tecnificación digital que sufre cualquier comunicación (se basa en convertirlo todo en unos y ceros y en comprimir y descomprimir los archivos).

El resultado es esa expresión tan habitual de: «No me reconozco la voz». Mientras que nosotros sí que reconocemos la voz de nuestros interlocutores (nos llega directamente), nos cuesta reconocer la nuestra (la escuchamos después de los procesos explicados anteriormente). Escuchar nuestra voz es el resultado de un proceso complejo como lo es la generación de cualquier sonido. El sonido se convierte en ondas sonoras que son captadas por las orejas mediante el conducto auditivo que llega hasta el tímpano. El movimiento de las ondas sonoras hace que el tímpano vibre y, a la vez, transmita esta vibración a tres huesecillos muy pequeños situados en el oído medio: martillo, yunque y estribo. A partir de aquí, se amplifican las vibraciones, que son enviadas al oído interno. Allí, con la participación de la cóclea y la membrana basilar, acaban generándose señales eléctricas que son captadas por el cerebro, que las convierte en sonidos que podemos reconocer.

La voz puede ser natural o proyectada. Como se ha explicado anteriormente, la voz proyectada se desarrolla mediante una técnica vocal que le permite tener más presencia, atención y sobre todo dirección. La voz proyectada se dirige hacia donde interesa. Aplicando relativamente poca fuerza, llega con claridad a más distancia. Es habitual en profesionales que trabajan con la voz, como cantantes, actores, profesores o locutores. La voz proyectada, al igual que la impostada, se percibe como menos natural fuera de los espacios donde es común utilizarla (por ejemplo, un auditorio o una clase). La comunicación remota tiene más de voz natural que de proyectada porque, normalmente, la persona o las personas que se tienen delante se ven a través de la pantalla, y esta proximidad anula la direccionalidad que emite la proyección de la voz. Se escucha la audiencia cerca y, salvo en los entornos específicos *online* donde pueda ser habitual (por ejemplo, un ensayo coral en línea), no se siente la necesidad de proyectar para llegar. La comunicación remota usa poco la voz proyectada.

También se han de considerar, más allá de la voz, aquellos sonidos (o ruidos), no siempre deseados, que se introducen en las comunicaciones. Hay algunos micrófonos que tienen la capacidad técnica de discriminar entre la

Cuando se opte por el uso de auriculares o dispositivos de microfonía, hay que tener en cuenta la percepción inicial que pueden generar en la audiencia.

voz y el ruido. También los hay que son capaces de captar solo lo que está en una dirección concreta y rechazar todo lo que no se produce en ese ángulo. Pero, generalmente, los micrófonos que captan el sonido en una intervención remota, si están integrados en dispositivos móviles o computadoras, lo capturan todo y no discriminan. No debería resultar extraño usar sistemas de microfonía o de recepción del sonido que permitan mejorar su calidad. De manera relativamente económica se pueden adquirir micrófonos de corbata o auriculares que se conectan a los dispositivos móviles con adaptadores universales y que incrementan tanto la calidad del sonido emitido como las capacidades de escucha. Todo ello resulta recomendable especialmente para aquellas personas que producen un volumen de contenidos alto en red y que son consumidos bajo demanda, porque cuanta más calidad tengan el sonido y la imagen, más calidad se percibirá del contenido.

En el caso de encontrarse en espacios donde se ha de desarrollar una comunicación híbrida, como por ejemplo estudiantes en un aula y, a la vez, estudiantes que siguen en remoto dicha clase, se puede pensar en utilizar tanto un micrófono de corbata como un altavoz. El principal problema que se puede tener en este tipo de espacios es que, en función del tamaño del aula, se necesitarán técnicas de proyección de la voz para hacerla llegar con calidad a todos los rincones del espacio. Este hecho resultará extraño para las personas que sigan la intervención en remoto, porque la proyección tenderá a ser vista, fuera de su espacio natural, como algo sobreactuada. Cuando se imparte una clase con la totalidad de los estudiantes en remoto, la voz no se proyecta y, por tanto, gana en naturalidad. La forma de compensar o de neutralizar esta situación puede ser el uso de micrófono y altavoz, que facilitará tanto la escucha en el aula como en el dispositivo.

Consideraciones a tener en cuenta en el uso del sonido en una intervención *online*

➡ Desactivar el sonido de los mensajes del dispositivo desde donde se realiza la comunicación remota.

➡ Desactivar el sonido de los dispositivos del entorno.

➡ Cerrar y aislar todas las fuentes de ruido externas que se puedan introducir en el espacio donde se está desarrollando la intervención (puertas, ventanas...).

➡ Prever posibles sonidos que se puedan producir durante la comunicación (mascotas, música...) y buscar cómo resolver fácilmente su neutralización en caso de que aparezcan.

➡ Siempre que no se hable, desactivar el micrófono del dispositivo.

➡ Para ganar calidad del sonido, se puede considerar el uso de sistemas de microfonía o altavoces.

➡ Tener a mano agua o algún líquido que se pueda utilizar fácilmente para hidratar las cuerdas vocales, en caso necesario.

➡ Evitar hacer intervenciones remotas en lugares con mucha resonancia, muy amplios, vacíos, donde la voz toma una presencialidad muy especial.

➡ La voz natural es la que se desarrolla sin proyección. Será la más habitual en reuniones, conferencias, *webinars*... Cuando deban realizarse comunicaciones híbridas (con gente físicamente delante y gente que las sigue en remoto) o actuaciones especiales, como cantar o recitar, se deberá considerar el uso de la proyección de la voz o de microfonía.

➡ En las intervenciones remotas se puede plantear el uso de auriculares que permitan una recepción más fidedigna del sonido. Siempre es mejor que sean lo menos aparatosos posible.

➡ Cuando se opte por el uso de auriculares o dispositivos de microfonía, hay que tener en cuenta la percepción inicial que pueden generar en la audiencia: los micrófonos de diadema son habituales en actores y en el teatro musical; los auriculares con micrófono integrado son propios de telefonistas o de sistemas de atención al cliente.

ILUMINACIÓN

Sin luz no hay imagen. La luz es la que orienta y dirige la mirada del receptor. Una imagen mal iluminada puede generar la percepción de poca profesionalidad. Por mucho que las cámaras de los dispositivos hayan avanzado considerablemente y hayan desarrollado ópticas que trabajan suficientemente bien la luz, estas no siempre logran captar, con suficiente fiabilidad, todas las condiciones del espacio en el que se encuentra quien habla. Para hacer una intervención en remoto ordinaria no es necesario invertir en equipos de iluminación profesionales, pero sí hay que prever cuáles serán las condiciones lumínicas que captará la cámara para modificarlas, si es necesario.

Lo primero que hay que tener en cuenta es que, en función de su procedencia, la luz puede ser natural o artificial. Es decir, puede ser producida por la acción de la naturaleza (el sol) o por la acción de los humanos (una lámpara). En espacios cerrados puede ser de cuatro tipos: general, puntual, ambiental y decorativa. La primera aporta la visibilidad básica; la segunda es más intensa que el resto y sirve para iluminar lugares concretos; la tercera se utiliza para crear ambientes; y la última facilita una especial presencialidad de algunos objetos o de parte de una estructura. Sea del tipo que sea, la iluminación define cómo se ven las cosas, delimita la distancia entre objetos o paredes, informa de la percepción de los colores y permite destacar detalles, objetos o espacios concretos. También es un elemento de seguridad que permite el movimiento en espacios sin iluminar e incluso puede afectar al estado de ánimo. Pero resulta también un elemento destacado en términos comunicativos, porque influye de manera determinante en la composición de la imagen.

El iris del ojo humano actúa como barrera ante intensidades extremas de luz, y su función consiste en cambiar el tamaño de la pupila. Como el ojo necesita un cierto nivel de intensidad para que la retina pueda convertirla en imágenes, el iris actúa controlando el diámetro de la pupila. El ojo de los humanos, pues, está preparado para controlar la luz que le llega y graduarla, pero esta luz puede llegar tanto a dañar nuestros ojos como a generar distorsiones en la comprensibilidad de quien mira. Por este motivo, dado que la comunicación por pantalla lo que ofrece básicamente es una imagen, resulta imprescindible explicar una serie de efectos básicos sobre la iluminación en fotografía que son del todo aplicables a las imágenes que se pueden ver en las intervenciones remotas:

En días soleados e intervenciones exteriores, hay que tener cuidado con las sombras porque pueden generar distorsiones de la imagen.

- La luz del sol (luz natural) es de las mejores fuentes de luz posibles. Dependiendo de la hora del día, esta luz potenciará un efecto u otro. A mediodía los objetos tendrán muchos más colores y los detalles se percibirán más, mientras que a primera o última hora del día todo resultará más suave e, incluso, ligeramente nebuloso.

- La luz artificial tiende a reproducir o imitar la luz del sol, aunque no siempre lo consigue.

- Debemos distinguir entre luz continua y luz discontinua. Para según qué actuaciones es recomendable, o bien que la luz se mantenga durante todo el tiempo (bombillas, LED...), o bien que solo actúe durante unos momentos (*flash*).

- Cuanto más pequeña es la fuente de luz y más lejos se encuentra respecto del objeto iluminado, más duras son las sombras; por lo tanto, cuanto mayor sea y más cerca se encuentre la luz del objeto, más suavizadas se mostrarán las sombras.

- Cuando la luz golpea contra una superficie, o bien rebota, o bien es absorbida. El principal componente que lo decide es el color de la superficie. Un objeto blanco reflejará todas las longitudes de onda de la luz y un objeto negro las absorberá todas.

- La dirección de la luz es muy importante y genera los siguientes efectos:

  ▶ Luz frontal: genera pocas sombras y texturas.

  ▶ Luz lateral: genera contraste entre la zona iluminada y la zona de sombras. Sirve para destacar texturas y volúmenes.

  ▶ Luz semilateral: alcanza los 45° y es muy utilizada para añadir profundidad.

  ▶ Luz picada (de arriba abajo): genera sombras marcadas y mucho contraste.

- ▶ Luz contrapicada (de abajo arriba): genera un efecto muy antinatural porque no se encuentra en la naturaleza.
- ▶ Contraluz: hace destacar la silueta y la forma.
- ▶ Semicontraluz: se proyecta en un ángulo de 135° y se utiliza para perfilar el objeto o el sujeto.
- ▶ Luz de relleno: sirve para llenar las formas del sujeto principal con un pequeño toque de luz.
- ▶ Luz de fondo: es lo que se conoce como luz ambiente.

- La mayoría de las fuentes de luz tienen una proyección de color determinada por mucho que el cerebro humano acabe interpretándolas como blancas. Cualquier dispositivo con más capacidad para leer el color (la cámara de un ordenador, por ejemplo) le dará una interpretación más técnica y se acabará viendo luz de color (más cálida, más azul...).
- La luz frontal, que apunta directamente al objeto, proporcionará una iluminación muy plana que hará que las sombras caigan al fondo de la imagen.
- La luz lateral proyecta mejor la forma de los objetos, pero les proporciona un posicionamiento más dramático.
- La luz posterior genera una aureola en el objeto y destaca su contorno.
- Una buena técnica lumínica para reducir sombras, resplandores e imperfecciones consiste en añadir algún difusor.
- La luz se puede orientar y hacer que incida sobre un lugar u otro mediante reflectores.

Hay que evitar los contraluces. Exponer la cámara del dispositivo a una entrada de luz muy intensa hará que la cara, si se sitúa entre la cámara y la luz, aparezca oscura.

Recomendaciones con respecto a la iluminación en las comunicaciones remotas y *online*

➡ Las intervenciones con luz natural siempre se perciben más auténticas que las que tienen luz artificial.

➡ En días soleados e intervenciones exteriores, hay que tener cuidado con las sombras porque pueden generar distorsiones de la imagen.

➡ Siempre que se pueda es mejor utilizar luz indirecta.

➡ Es importante evitar los contraluces. Exponer la cámara del dispositivo a una entrada de luz muy intensa (por ejemplo, una ventana) hará que la cara, si se sitúa entre la cámara y la luz, aparezca oscura.

➡ Evitar, en la medida de lo posible, que las intervenciones se produzcan en lugares oscuros o mal iluminados.

➡ Escoger luces blancas o neutras antes que luces más cálidas o frías.

➡ Siempre es mejor utilizar fuentes de luz que se proyectan desde arriba que desde abajo, porque este último tipo de iluminación es antinatural.

➡ Cuando la luz es muy intensa y proviene de un lateral (por ejemplo, luz natural que entra por una ventana), hará que una parte de la cara esté sobreexpuesta y la otra, oscura.

➡ La luz que se proyecta debería llenar el espacio con uniformidad.

PLANO

Se ha de ser consciente de que cuando se está transmitiendo una imagen a través de un dispositivo digital, el receptor ve un icono que tiende a descodificar de la misma manera que descodifica el resto de imágenes que recibe en su día a día. La cultura audiovisual se ha potenciado en nuestro mundo a raíz del proceso de digitalización. Se cree que una cosa es cierta porque se ha visto, y no porque se ha leído. Se está mucho más acostumbrado tanto a recibir e interpretar imágenes como a emitirlas de lo que lo estaban las generaciones anteriores. Por tanto, en el proceso de transmisión de cualquier información a través de una cámara lo que se está haciendo es definir la posición y la distancia de este sujeto respecto a la realidad y, por tanto, se está desarrollando un proceso de encuadre. La comunicación remota se basa en ajustar la información que se ofrece a un marco y unos límites. O sea, a encajar dentro de un espacio qué es lo que se quiere mostrar. Se trata de fijar la narrativa visual dentro de los planos de cámara. En este proceso, la audiencia comprenderá y contextualizará todo lo que se está diciendo en función de las imágenes de las que dispone.

En las conexiones remotas, los planos tienden a ser estáticos y repetitivos. La cámara no suele moverse mientras se está haciendo una conexión, aunque no haya ninguna recomendación contraria a esta práctica y, en general, se considere que los movimientos aportan dinamismo. Por lo tanto, se tiende a utilizar un único plano que, si no tiene interrupciones, puede ser considerado como un plano secuencia (la realización de una toma sin cortes durante un tiempo dilatado). A esta realidad se pueden añadir características como la ausencia de movimientos del sujeto y a menudo del fondo que se utiliza (los fondos exteriores tienden a ofrecer más dinamismo); por tanto, en general, lo que ve el público es una imagen estática.

La ausencia de actividad y de movimiento configura una situación que puede tender a ser aburrida. ¿Se puede modificar esta percepción? La respuesta es contundente: sí. Es evidente que uno de los recursos más simples sería el cambio de espacio. Si una persona comienza su conexión en el despacho, sigue en la terraza, luego en el comedor y termina en la azotea de su casa, la percepción que generará será más dinámica. A la vez, sin embargo, además de ser incómodo para el propio usuario, esto puede generar la sensación de que dicho interlocutor no sabe estarse quieto y está incómodo o

Es aconsejable alejar la cámara del sujeto que habla hasta encontrar un plano medio que permita ver las manos en pantalla de una forma natural.

poco interesado en lo que está diciendo. Es necesario recordar que una de las señales que muestra que se ha captado el interés es la ausencia de movimiento. Por lo tanto, para todo hay pros y contras. Cuando se está haciendo una clase, por ejemplo, una de las formas a través de las cuales se percibirá que se está siguiendo lo que se está diciendo es la ausencia de movimientos. Lo más recomendable es buscar otras soluciones para conseguir transmitir una imagen de interés y de dinamismo a la vez. La más fácil y razonable es el cambio de plano.

En términos cinematográficos y fotográficos, también en los cómics, los planos dotan a los personajes y los objetos de significado y permiten desarrollar una narrativa. Un plano informa de lo que se está emitiendo y del significado que tiene lo que se está diciendo. Los tipos de planos vienen marcados por el tamaño de la imagen y toman como referencia el cuerpo humano. Los planos más habituales en el cine y la fotografía son los siguientes:

- **Plano general.** Enseña todo el modelo y los elementos de la escena, y, por tanto, la persona se muestra desde los pies hasta la cabeza.
- **Plano americano o tres cuartos.** Muestra a la persona desde las rodillas hasta la cabeza, y es especialmente útil si se quiere mostrar a más de una persona.
- **Plano medio.** Normalmente muestra a la persona desde la cintura y suele utilizarse para expresar las interacciones entre varios humanos, animales o cosas.
- **Plano corto** (también se conoce como plano de pecho o de busto). Sirve para mostrar a una persona desde el pecho y enfoca la atención en esta única persona aislándola de su entorno.
- **Primer plano.** Básicamente muestra la cara de la persona o, como mucho, el torso, para destacar su mirada o su expresión.
- **Primerísimo primer plano.** Se encuadra desde la cabeza (cortando incluso la frente) hasta la punta de la barbilla. Es uno de los planos más íntimos y sirve para mostrar las emociones del emisor.
- **Plano de detalle.** Se maximiza el acercamiento a algún detalle o aspecto que se quiere potenciar y suele utilizarse para destacar aspectos específicos de la persona o del objeto.

El plano americano (hablar de pie) resulta idóneo para hacer una conferencia, una clase o una charla, ya que permite un tipo de gestualidad y de movilidad con más recursos.

En términos cinematográficos, estos planos se combinan con los movimientos de cámara y con los ángulos. De este último tema, como tiene relación con la posición de la cámara, se habla en el próximo apartado.

¿Cuál es el tipo de plano más utilizado en las intervenciones *online* y en remoto? ¿Qué es lo que estamos más acostumbrados a ver cuando se hace una conexión por internet en una reunión, conferencia o clase? La respuesta es evidente: normalmente el primer plano o el plano corto, e incluso el primerísimo primer plano. Es más inusual ver planos medios o americanos. Este hecho ocasiona que, dado que se está acostumbrado a hacer una lectura cinematográfica o fotográfica de los diversos planos en función de la experiencia y de la cultura donde se reside, se traspasen a la pantalla del dispositivo donde se está conectado los atributos comunicativos que tienen estos planos. Se tenderá a interpretar más las emociones de quien aparece en pantalla si los planos son más cortos y a generar una interpretación más global de la actividad que se está llevando a cabo —aquí el fondo también tendrá importancia— si los planos son más largos.

En general, en las intervenciones por pantalla, se ha abusado de los planos cortos, que no solo generan problemas para mostrar la gestualidad, que es un validador natural de lo que se está diciendo, sino que, además, facilitan lecturas más emocionales de las personas con las que se interactúa. Como básicamente lo que se ve son las caras, es a través de ellas como se interpreta, se matiza, se complementa todo lo que se está diciendo, o bien simplemente se recibe el *feedback* sobre lo que se está comunicando. Además, como normalmente estamos tan cerca de la cámara, cualquier microgesto puede tener su interpretación. Una leve sonrisa puede sugerir aprobación y una mueca, desaprobación.

Recomendaciones básicas para el uso de planos de cámara en intervenciones *online* y remotas

➡ Para decidir qué plano se utilizará, lo primero que se deberá tener en cuenta es el fondo que se mostrará, el cual, a menudo, marcará las decisiones a tomar. Resulta evidente que se podrá utilizar un plano más abierto si se puede mostrar mucho fondo y un plano más cerrado si no se quiere enseñar demasiado lo que hay detrás de quien habla.

➡ Si la situación y el espacio lo permiten, es aconsejable alejar la cámara del sujeto que habla hasta encontrar un plano medio que permita ver las manos en pantalla de una forma natural (normalmente, las manos se mueven entre el ombligo y los hombros). Se trata de un plano que transmite profesionalidad. Un recurso fácil es poner una hoja de papel o una libreta de tamaño DIN A4 entre la persona que habla y el ordenador donde está la cámara, lo cual, además, permitirá escribir o tomar cualquier nota durante la comunicación.

➡ Solo es recomendable utilizar los planos muy cortos si se quiere expresar emociones o sentimientos coherentes con el tipo de comunicación que se está llevando a cabo.

➡ El tipo de lentes utilizadas por muchos dispositivos móviles, que tienen mucha amplitud de campo, generan imágenes distorsionadas de las personas o de los objetos si se está muy cerca del objetivo.

➡ Hay que pensar en el uso del plano americano y, por tanto, en hablar de pie, si se tiene que hacer una conferencia, una clase o una charla. No resulta extraño, a efectos de la audiencia, y permite un tipo de gestualidad y de movilidad con más recursos que si se está sentado. De hecho, el plano americano es un buen plano para transmitir energía y compromiso.

➡ Siempre que se pueda, hay que utilizar plataformas tecnológicas que permitan verse a un mismo mientras se interviene en el dispositivo utilizado o en otro. Así, siempre se tendrá una referencia de uno mismo y se sabrá qué es lo que está viendo el interlocutor.

➡ En la definición del plano utilizado se debe intentar que, si el sujeto no se sitúa en el medio del encuadre de la imagen, haya más espacio (en términos fotográficos se habla de aire) en el lugar donde se está hablando que por detrás de la cabeza.

➡ Conviene evitar realizar expresiones con la cara que no tengan que ser vistas mientras se tiene la cámara encendida. Cualquier microgesto puede ser interpretado por la audiencia de una manera u otra en función del clima que se está creando en la intervención.

➡ Nunca debemos olvidar que la cámara está encendida aunque no se esté hablando. Por tanto, no debemos mostrarnos desinhibidos durante toda la intervención, aunque no seamos el emisor.

➡ Hay que tener en cuenta que las intervenciones remotas pueden ser grabadas y consumidas en otro momento o fuera del contexto en el que se desarrollan. Por lo tanto, una imagen puede tener un significado diferente al cabo de un tiempo.

➡ En este mismo sentido, debemos recordar que, aunque no seamos la persona que dirige la intervención, muchas de las plataformas tecnológicas para hacer este tipo de comunicaciones permiten que se pueda ampliar la imagen de cualquier participante que tenga la cámara encendida y que, por lo tanto, mientras alguien habla, podemos ser observados a pantalla completa por cualquier otra persona.

Nunca debemos olvidar que la cámara está encendida, por tanto, no debemos mostrarnos desinhibidos durante toda la intervención.

POSICIÓN DE LA CÁMARA

Una cámara ubicada en una posición u otra puede afectar al modo en que la audiencia percibe la situación. También podría hacerlo el hecho de que la cámara estuviera en movimiento, pero, dado que en las intervenciones remotas la movilidad suele ser escasa o nula, aspectos como el *travelling*, el *zoom*, la panorámica o el barrido no los consideraremos en este análisis. En términos fotográficos, cuando se habla de ángulo de la cámara, se está haciendo referencia al punto de vista, y forma parte del denominado lenguaje fotográfico. El uso de un ángulo u otro condiciona la imagen que transmite quien comunica. Del mismo modo que cuando fotografía a un niño el fotógrafo se suele situar a la altura de los ojos del niño, cuando se debe hacer una intervención pública será necesario reflexionar sobre a qué altura situar la cámara respecto a la posición del sujeto que habla. En fotografía, los ángulos más habituales son los siguientes:

- **Normal o neutro.** Se produce cuando la posición de la cámara se encuentra a la altura de los ojos y en posición paralela al suelo. Es la forma más informativa, transparente y neutra de presentar a cualquier persona. Ofrece franqueza, transparencia y cotidianidad.
- **Picado.** Se trata de una angulación oblicua superior, o sea, la cámara está por encima de la altura de los ojos y ligeramente orientada hacia el suelo. El plano picado empequeñece. Muestra un personaje más débil, dominado e inferior.
- **Contrapicado.** Se trata de una angulación oblicua inferior, o sea, la cámara está por debajo de la altura de los ojos y ligeramente orientada hacia el techo. El plano contrapicado engrandece. Muestra un personaje fuerte, dominante y superior.
- **Cenital o picado extremo.** La posición de la cámara es vertical y superior a la persona o al objeto captado. Normalmente enfoca el suelo desde arriba. No es nada habitual en intervenciones remotas y es bastante creativo. Ofrece una mirada similar a la del plano picado. De todas maneras, alguna vez se ven situaciones cenitales cuando las cámaras están colgadas en los techos de los edificios o cuando se usan drones.
- **Nadir o contrapicado extremo.** Es una posición de la cámara desde la vertical inferior del objeto o la persona. Se trata del ángulo total-

mente opuesto al cenital. También es muy poco usual y, aunque la cámara esté en posición inferior sobre los ojos del sujeto, no refuerza los elementos del ángulo contrapicado.

- **Subjetiva.** La cámara muestra lo que alguien está viendo.

Se trata, posiblemente, de uno de los elementos sobre los que menos se reflexiona antes de realizar una intervención remota u *online*. Normalmente se inicia la conexión habiendo pensado sobre lo que se va a decir, sobre el fondo que aparecerá, sobre qué ropa se llevará, etc., pero no acostumbra a preocupar el ángulo que tomará la cámara. Sea como sea, este permitirá ofrecer una experiencia diferente sobre el receptor y, a la vez, puede transmitir una emoción diferenciada. Además, un ángulo diferente del utilizado por el resto de participantes puede llamar más la atención y este aspecto, si no connota una dirección opuesta al propósito, puede resultar un activo comunicativo. Por este motivo, antes de disponerse a hablar a través de una pantalla, se deberían tener en cuenta algunas recomendaciones con respecto al ángulo de la cámara.

Recomendaciones sobre el ángulo de la cámara

➡ Como criterio general, situar la cámara del dispositivo a la altura de los ojos (o un poco por encima o un poco por debajo) es lo más recomendable, porque ofrece neutralidad y objetividad en las intervenciones. Se percibe que se está observando lo que realmente está pasando.

➡ La frontalidad/perpendicularidad a la cámara es la posición más neutra desde una perspectiva informativa, pero situarse en un cierto ángulo puede sugerir un tipo de plano más profesional y puede ser apreciado por la audiencia.

➡ Si por cualquier motivo la cámara no se encuentra a la altura de los ojos (por ejemplo, hay ordenadores que la tienen integrada en la parte inferior de la pantalla), es conveniente rectificar su posición colocando objetos, como cajas o libros, por debajo del dispositivo o subiendo o bajando la posición del sujeto (sillas más altas o más bajas).

➡ Los planos contrapicados generan una visión mucho más dimensionada de la barbilla, lo cual puede percibirse como soberbia.

➡ Los planos picados generan una visión mucho más dimensionada de la cabeza y, por tanto, pueden generar una percepción dimensionada de alopecias o de estar despeinado.

Si la cámara no se encuentra a la altura de los ojos, es conveniente rectificar su posición colocando objetos por debajo del dispositivo.

➡ Cuando se utilice un dispositivo móvil y, por tanto, se deba apoyar sobre algún lugar, se intentará que el ángulo de apoyo respecto a la perpendicular del suelo sea lo más pequeño posible para que se aguante. En caso contrario, y sin conciencia, se estará generando una angulación a la cámara de nuestra intervención.

➡ Cuando el fondo tiene referencias geométricas (una librería, cuadros, ventanas...), las angulaciones de la cámara destacan más.

➡ Como he explicado al hablar de los tipos de planos que se utilizan, si uno se acerca o se aleja de la cámara está significando emociones diferentes. Cuando este movimiento se produce en ángulos diferentes, la interpretación emocional de lo que se ofrece también queda claramente condicionada.

Las angulaciones de la cámara y los tipos de planos utilizados informan de la realidad de lo que se está viendo a partir del punto de vista de la cámara, y, por tanto, la decisión sobre lo que se quiere mostrar pasa por las manos del emisor. Esto ofrecerá un punto de vista concreto y marcará la medida de los objetos o sujetos que estén participando en la escena (intervención remota) y encuadrará la situación delimitando lo que se muestra y lo que se deja que el receptor imagine. Elegir entre todos estos elementos determinará lo que se quiere explicar y tendrá una cierta influencia.

Los planos contrapicados generan una visión mucho más dimensionada de la barbilla, lo cual puede percibirse como soberbia.

DISPOSITIVOS UTILIZADOS

En función de las circunstancias, las condiciones y la experiencia obtenida, las conexiones remotas se pueden desarrollar con un dispositivo u otro, el cual, por las propias condiciones físicas y de usabilidad, condicionará el tipo de intervención que resultará. No es lo mismo hablar a través de la cámara de un ordenador de mesa que hacerlo a través de la de un portátil o un teléfono móvil. Normalmente, la cámara de un ordenador de mesa tiene menos movilidad que la de un ordenador portátil y, evidentemente, que la de un dispositivo móvil (tableta, teléfono...), con el que resulta muy simple adaptarse a unas condiciones determinadas, por mucho que justamente esta movilidad puede transmitir una idea de mayor inestabilidad que el dispositivo que está fijo en algún emplazamiento.

El formato del aparato utilizado y el tipo de pantalla también pueden condicionar las intervenciones. Uno de los elementos que mejor explica esta situación es la tensión sobre si las grabaciones con el teléfono móvil se han de hacer en posición vertical u horizontal, o, por ejemplo, los diferentes formatos de pantalla: el 4:3, el más panorámico 16:9, etc.

Incluso elementos más técnicos, como la resolución de la pantalla (o el tipo de pantalla) y la capacidad de la cámara para grabar en un formato u otro, también acaban ofreciendo algún tipo de información que complementa, cambia o modifica la información que se transmite. En según qué situaciones se pueden modificar las condiciones de la comunicación cambiando el dispositivo desde el cual la hacemos, pero en todo caso es importante tomar conciencia de las posibilidades y limitaciones que tiene

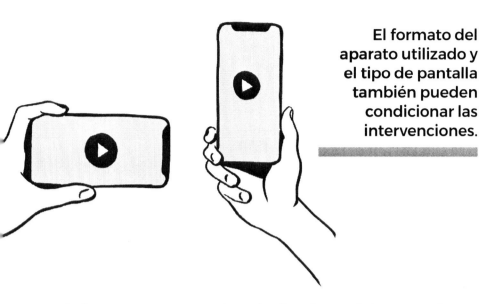

El formato del aparato utilizado y el tipo de pantalla también pueden condicionar las intervenciones.

cada dispositivo. A continuación se detallan algunas de las **características que se deben tener en cuenta en cada uno de los aparatos más comunes para desarrollar las comunicaciones remotas con la máxima eficacia**:

- **Ordenador de sobremesa.** Normalmente lleva la cámara web incorporada o se ha incorporado posteriormente como *hardware* complementario. Estas cámaras son óptimas por la estabilidad que ofrecen y a menudo por la calidad que tienen. La gran dificultad radica en el hecho de que, al estar incorporadas al mismo ordenador, no permiten moverse y, justamente por este motivo, resulta más difícil escoger encuadres, ángulos o distancias del sujeto a la cámara. En ordenadores más antiguos hay que tener cuidado porque normalmente no disponen de enfoque automático y si se sale del campo (normalmente marcado por la distancia entre la pantalla y el teclado) se puede ofrecer una imagen desenfocada. Si es necesario incorporar una cámara web en el ordenador de sobremesa para hacer intervenciones remotas, conviene considerar los cuatro aspectos siguientes:

  ▶ **Resolución.** Se debe pensar en resoluciones mínimas de 720 píxeles por pulgada (720 ppp) o resoluciones superiores (por ejemplo, 1.080 ppp).

  ▶ **Velocidad.** Tiene que ver con la velocidad de los fotogramas, que se mide en fotogramas por segundo (FPS) y debe estar por encima de los 15 FPS.

▶ **Lentes.** Normalmente pueden ser de plástico o de vidrio. Estas últimas son más recomendables.

▶ **Webcam con micrófono incorporado.** Siempre resulta mejor tener el micrófono integrado en la cámara. Hay que elegir entre cámaras con micrófonos omnidireccionales o direccionales. Los primeros permiten captar el sonido que se produce desde cualquier lugar.

- **Ordenador portátil.** Se trata posiblemente del dispositivo más versátil para hacer intervenciones remotas y *online*. Ofrece posibilidades de movilidad y, por tanto, facilita escoger fondos, encuadres, iluminación, ángulos y distancias en relación con la cámara, etc. Ahora bien, la calidad tanto de la óptica de la cámara y de los sensores como del micrófono que captura el sonido acostumbra a ser baja. En muchos casos no pueden ni ofrecer una transmisión o grabación de imágenes con una resolución de 720 ppp. Por lo tanto, aunque se disponga de una buena conexión, la audiencia tenderá a verlo en baja resolución. El principal problema para que este hecho no evolucione tiene que ver con dificultades de espacio para situar una óptica que permita unas resoluciones de pantalla más grandes, dado que los ordenadores portátiles cada vez son más delgados. En algunos modelos de portátiles la cámara está ubicada en la parte inferior de la pantalla, lo que incrementa la percepción sobre la barbilla y la papada de quien habla y, de este modo, se genera una imagen más cercana a la arrogancia. Si se quiere una mejor calidad de imagen, la solución suele ser incorporar una cámara web externa o utilizar otro dispositivo.

- **Teléfono móvil.** Como su propio nombre indica, la facilidad para moverse con este dispositivo y para apoyarlo en cualquier lugar es su principal activo. Actualmente, no solo es fácil hacer una videollamada con este tipo de dispositivo, sino que se puede hacer desde cualquier lugar. Esto ofrece más facilidad para elegir el tipo de fondo que parece mejor, la posición de la cámara, el ángulo respecto del sujeto o la distancia. Todo esto y, además, la incorporación de cámaras cada vez con más resolución proporcionan a este dispositivo unas características técnicas muy adecuadas para las intervenciones remotas y *online*. Aunque parezca mentira, en los *smartphones* hay más espacio que en un ordenador portátil para instalar un mejor módulo de cámara. En los últimos terminales, especialmente los de gama más alta, la cámara acaba sobresaliendo. Una buena cámara de un móvil también debe tener una buena apertura, un sensor de calidad, un estabilizador óptico de imagen sensible y un buen *software* de procesado. Pero todos estos elementos, que evolucionan con el paso del tiempo, se ven condicionados por algunos aspectos que pueden hacer que las comunicaciones por teléfono móvil no sean tan óptimas como desearíamos:

> ▶ El encuadre. Dependiendo del tipo de finalidad que tenga la grabación, deberá ser horizontal o vertical. Parece que plataformas como Instagram o Facebook facilitan más la verticalidad, así como las retransmisiones de vídeos en directo. De todas maneras, es recomendable utilizar el teléfono móvil en posición horizontal para charlas, conferencias, clases o reuniones con colegas, porque se adapta al formato panorámico de los dispositivos con los que consumirán/utilizarán la intervención. Plataformas como YouTube trabajan de manera más optimizada con grabaciones en formato horizontal.

> ▶ El tipo de apertura del objetivo utilizado. En general, los teléfonos móviles usan ópticas con objetivos angulares muy generosos que generan distorsiones en la apariencia física de los objetos. A poca distancia, como la que ofrece un brazo cuando se hace un selfi, el objeto, que puede ser la cara de quien habla, no tiene las dimensiones y la forma naturales y en algunos casos se percibe muy deformado.

> ▶ Siempre es deseable que cualquier comunicación se desarrolle con la cámara posterior del dispositivo porque suele tener una mejor definición que la cámara frontal.

- **Tableta.** También se trata de dispositivos que tienen en la movilidad, como los teléfonos móviles, uno de sus principales activos para la realización de intervenciones en remoto. Resulta fácil transportarlos, moverlos y apoyarlos en cualquier superficie. Obviamente se mejora, respecto de los móviles, la posibilidad de reproducir imágenes, no por la calidad (las pantallas de los móviles tienen cada vez una mejor resolución), sino por el tamaño. En un móvil todo se ve pequeño, mientras que una tableta suele tener una medida más adaptable al consumo humano. En general, se podría decir que, desde el punto de vista de la calidad de la cámara, están algo más abandonadas que los teléfonos móviles, pero en el mercado se pueden encontrar dispositivos con capacidad para hacer grabaciones con resoluciones de hasta 4K, las cuales, reproducidas en las dimensiones más habituales de estos dispositivos y con las luminosidades de las pantallas que se ofrecen, generan una percepción de altísima calidad. En este sentido, se trata de un dispositivo en el que será más fácil hacer otras cosas —tomar apuntes, contestar un correo electrónico, consultar una página en internet— mientras se sigue la intervención, que en un teléfono móvil.

- **Otros dispositivos.** Existen otros dispositivos con los que se pueden desarrollar intervenciones remotas u *online*, pero son mucho menos populares o no recomendables para este tipo de comunicaciones: relojes inteligentes, videoconsolas, agendas digitales, etc. Dado que estos dispositivos no están pensados ni concebidos para este fin, su optimización para las intervenciones remotas es claramente menor.

7

PREPARARSE PARA LA INTERVENCIÓN

Explica Lluís Vicent, profesor y responsable de formación *online* de la UPF-Barcelona School of Management, que para las personas que trabajan en *e-learning* (aprendizaje *online*) desde hace muchos años pensar que la educación *online* está dirigida solamente a aquellos que no pueden o no quieren asistir a clase es casi un estigma. Durante muchos años todo lo que era *online* se percibía en un nivel inferior respecto a lo que se desarrollaba de manera presencial o analógica. Era un sustitutivo. Si no se podía hacer de manera presencial o analógica, siempre quedaba la posibilidad del ámbito *online*. Este efecto sustitutivo hacía suponer que debía estar menos preparado, y se disculpaban de manera más laxa los errores o las improvisaciones. Con el paso del tiempo y, posiblemente, «el plan de *marketing*» más importante que ha tenido el proceso de digitalización de nuestra sociedad, la pandemia global de la COVID-19, cualquier proceso *online* ha tendido a equipararse con el mismo proceso en modo presencial y analógico, y, por tanto, ha tendido a equiparar también sus características y cualidades. Es decir, ahora se exige que los dos procesos, el digital y el analógico, sean comparables. No se puede renunciar a la calidad, a la profundización o al interés por el hecho de que se desarrolle en un formato o en otro. Cualquier tipo de intervención, sea *online* o presencial, debe poder alcanzar los mismos objetivos. Esto requiere preparación y obliga a pensar en aspectos que, por dejadez o novedad, no se habían considerado hasta ahora.

METODOLOGÍA PARA PREPARAR
INTERVENCIONES PÚBLICAS

Resulta innegable que la preparación es el mejor antídoto para los problemas que pueda generar cualquier intervención pública. Cuanto más preparada esté, más difícil resultará que se produzcan errores o que nada salga como estaba previsto. La preparación se refiere tanto al fondo como a la forma. Se tiende a asumir que la preparación es una cuestión más de los contenidos que de la forma en la que se ofrecen dichos contenidos. El gran cambio de la revolución digital es que, cuando menos, ha igualado los dos aspectos, si es que no ha puesto al segundo por encima del primero. La comunicación digital se juega gran parte de su eficiencia en la forma y, por tanto, en algunos aspectos que no son tan significativos en la comunicación presencial. Así pues, la cara, la mirada o la sonrisa adquieren un papel muy relevante. Pero, igualmente, intangibles como la actitud, la energía, la escucha o la atención necesitan tener un papel destacado en las comunicaciones remotas. Como siempre, la eficacia comunicativa es la suma de detalles alineados en la dirección correcta. En comunicación, el detalle es trascendente y, en comunicación remota, imprescindible.

Prepararse significa utilizar un método para hacer las cosas antes de que estas se produzcan. Por lo tanto, la metodología es el camino más amplio y seguro hacia el éxito. De hecho, los humanos somos animales metodológicos. Solemos hacerlo todo de la misma forma para estandarizar el resultado. El café con leche que nos preparamos cada mañana nos queda siempre igual de bueno (si cada día nos preparamos un café con leche y no nos queda bueno, necesitamos un tipo de ayuda que no puede facilitar este libro), porque lo hacemos siempre igual, porque utilizamos un método que da como resultado un producto que es de nuestro agrado. La metodología permite homogeneizar y uniformizar el producto resultante.

Para preparar una intervención pública, sea remota o presencial, hay infinidad de metodologías que pueden aplicarse. No es la voluntad de este apartado elaborar una lista con las más importantes. Más bien al contrario; la idea es que cada persona desarrolle su método de acuerdo con lo que le va bien y se adapta mejor a sus necesidades y posibilidades. Uno de los elementos que define a los buenos profesionales es la capacidad para crear metodologías personalizadas que resuelvan los problemas que surjan. Pero para ayudar a definir cuál es el mejor método que cada uno puede acabar desarrollando se apuntan las siguientes **recomendaciones, en formato de decálogo, para preparar una intervención pública remota**:

- **Definir el propósito y los objetivos.** Es muy importante tener claro cuáles son los objetivos que se pretenden conseguir en la intervención que se desarrollará. Si es posible, es mejor que los definamos por escrito. Existe un buen número de teorías sobre cómo debe ser la definición de objetivos para que tengan sentido y sean funcionales. La idea es que deben ser, tanto como sea posible, concretos, medibles, fáciles de explicar y de encargar, etc. Estas características facilitarán poder valorar si se han conseguido o no. Asimismo, la definición explícita, y si es posible también por escrito, del propósito ayudará a delimitar el camino por el que hay que avanzar. El propósito define el camino, y los objetivos hablan de la meta donde se quiere llegar. Preparar una intervención sin tener claros los objetivos y el propósito iguala sus posibilidades de éxito a las de ganar en un juego de azar.

- **Resumir lo más importante en un minuto.** Se trata de escribir aquello que parece que es la esencia de la intervención en diez o quince líneas: un minuto de texto. La idea es actuar como si solo se tuviera un minuto para contar todo lo que se quiere decir en la charla. Empezar por aquí ayudará a definir mejor qué es exactamente lo que se quiere decir, el núcleo del discurso. Valoro mucho escribir, literalmente, esta síntesis porque ayuda en la definición de los conceptos y el uso de las mejores palabras para expresarlos. La concreción de esta sínte-

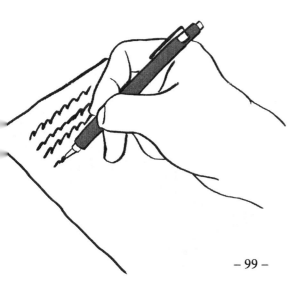

Hay que resumir la esencia de la intervención en diez o quince líneas: un minuto de texto.

sis generará, desde el punto de vista argumental, que todo lo demás dependa de ella. Además, permitirá enlazar el resto de argumentos como dependientes de este primero. Saber qué es lo más importante que se debe decir en una intervención pública, y resumirlo en un minuto de texto, es un ejercicio que facilita el orden y la dirección comunicativa que se ha de imprimir al mensaje.

③ **Pensar en la audiencia.** ¿Quién se tendrá en frente? ¿Cómo son? ¿Qué expectativa tienen sobre lo que dirá quien hable? ¿Y sobre la duración de la intervención? ¿Qué filias y fobias manifiestan? ¿Conocen a la persona que habla? ¿La han visto antes? ¿Son expertos en el tema que se tratará? ¿Es necesario contextualizarlos o situarlos? ¿Qué han hecho antes? ¿Qué deben hacer después? ¿Pagan por escuchar? Son preguntas imprescindibles para ir hacia el único camino posible para lograr una buena sintonía con la audiencia: adaptarse a ella. El éxito de la comunicación se basa en la capacidad de adaptación al público. Cualquier proceso inverso (la adaptación de la audiencia a quien habla) supone un esfuerzo, muchas veces insuperable, y un riesgo demasiado grande para conseguir transmitir con eficacia lo que se quiere contar.

④ **Las posibilidades y características que definen a quien habla.** Se trata de un apartado que puede estar bastante estandarizado porque define a aquel que hablará y las capacidades y habilidades comunicativas que le son propias. O sea, se puede tener definido de otras intervenciones. Es una manera de tener más claro qué es lo que se

El éxito de la comunicación se basa en la capacidad de adaptación al público.

Hay que listar todas las características que se deberán tener presentes y que están más relacionadas con la forma que con el fondo de la intervención.

puede hacer bien y qué es lo que no se puede hacer tan bien. Todos somos diferentes y tenemos habilidades y recursos diferentes. Si se tiene claro cómo es cada uno, qué sabe hacer bien y, sobre todo, qué no sabe hacer tan bien, será más fácil transitar por caminos diferentes y decidir una estrategia u otra para abordarlos. A partir de lo que uno es, y ante la capacidad adaptativa que se tenga, deberá valorarse en cada intervención cuáles son las herramientas que se han de utilizar para conseguir los objetivos.

⑤ **Las condiciones en las que se intervendrá.** Se trata de elaborar un listado con todas las características que se deberán tener presentes y que están más relacionadas con la forma que con el fondo de la intervención. Se debe decidir dónde se hará la intervención, si será en un espacio exterior o en uno interior, cuál será el fondo que se usará, la iluminación que habrá, los artefactos (ropa, complementos...), el dispositivo que se utilizará, el tipo de plano, el ángulo de la cámara, si se empleará o no material para compartir con el resto de participantes, etc. Todos estos aspectos pueden acabar condicionando la comunicación que se desarrolle, y es oportuno tenerlos presentes y enumerarlos, si es necesario, antes de empezar a preparar nada. Si no se ha pensado en ello antes y se improvisan las condiciones en las que se hablará, es muy posible que alguno de ellos no esté del todo optimizado y que este detalle acabe jugando en contra de lo que se quiere transmitir.

Cabe hacer notar que, aunque pueda parecer que hasta este momento no se ha empezado a preparar el contenido de la intervención y, por tanto, se pueda pensar que no se ha comenzado con los preparativos de esta, los pasos anteriores resultan imprescindibles y previos al desarrollo de los mensajes concretos que se querrá explicar. De hecho, disponiendo de la síntesis de lo que se quiere decir (paso 2) y de los aspectos formales de la intervención, se dispone, posiblemente, de lo más importante de la preparación. Aunque formalmente pueda parecer que queda mucho, en realidad queda menos. Solo a partir de estos aspectos se puede abordar la preparación del contenido de la intervención con garantías suficientes para conseguir llegar a la audiencia e impactarla.

6 **Hilo conductor.** Para empezar la preparación de una intervención pública hay que pensar en su hilo conductor. Se trata de aquello que articulará toda la charla, la piedra angular. Puede tratarse de una estructura, de una historia, de una situación vivida... Sea lo que sea, es lo que acaba manteniendo la coherencia y a menudo también el interés. Cabe pensar que una gran parte de la captación de la atención de la audiencia tiene que ver con el hilo conductor utilizado. Las intervenciones con este principio fundamental resultan más coherentes. Por este motivo resulta recomendable comenzar pensando en este eje y situar la estructura y el esquema de los contenidos colgando de este hilo conductor.

7 **Cómo se empieza. Inicio.** Después de haber definido la historia que articulará la intervención, es el momento de pensar cómo comenzará. Decía Platón que el inicio es la parte más importante de un trabajo. Se trata de un momento estratégico, no solo porque está demostrado que es cuando la atención de quien escucha es mayor, sino porque sirve para definir qué es lo que se dirá y de qué manera se hará. El inicio tiene un triple objetivo:

El inicio es la parte más importante de una intervención, y tiene un triple objetivo.

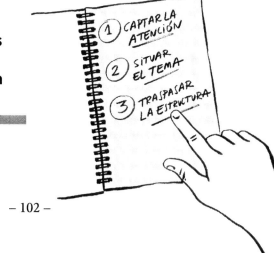

1) CAPTAR LA ATENCIÓN
2) SITUAR EL TEMA
3) TRASPASAR LA ESTRUCTURA

a. Captar la atención de la audiencia.

b. Situar el tema sobre el cual se hablará.

c. Traspasar la estructura que se utilizará a quien escucha.

Para captar la atención es necesario utilizar algún recurso que vaya más allá del saludo inicial. Los estudios sobre la capacidad de escucha pública explicitan que el primer minuto es trascendente en cualquier intervención. Es este minuto el que más se ha de aprovechar, junto con el minuto final, tal como se verá más adelante.

Principales recursos para captar la atención al inicio de una intervención

- Una historia o anécdota personal. En el mundo anglosajón es una manera habitual de comenzar.

- Una pregunta o reto. Se puede resolver durante la intervención o al final.

- Plantear una provocación.

- Ofrecer unos datos impactantes o desconocidos. Pueden tener un formato similar al de los titulares de un medio de comunicación.

- Una breve encuesta entre los asistentes. El resultado obtenido debería ser recogido de alguna manera dentro del tema que se trata.

- Cualquier otra interacción con el público (formularles alguna pregunta, que hagan algún gesto...).

- Una frase impactante o cita. Fuera de contexto y sin «calentamiento», suele generar interés.

- Mostrar una imagen. Puede ayudar a contextualizar el tema; enseñar una parte; mostrar una totalmente rompedora en relación con lo que se está hablando...

- Poner sobre la mesa un tema universal (el amor, la defensa del medio ambiente, la verdad...). A partir de ese momento habría que interrelacionarlo con el contenido de la intervención.

- Mostrar un objeto personal. Es una muestra de apertura y compromiso con la audiencia.

- Teatralizar. Se deja claro que se está en un registro teatral.

Después, o antes del inicio, es necesario situar el tema sobre el que se hablará. A veces es tan fácil como explicitarlo. Puede ser tan simple como decirlo o escribirlo. Demasiadas veces se tiene tan claro, y parece tan evidente, que se olvida apuntarlo o se da por hecho que todo el mundo tiene claro cuál será el contenido que se ofrecerá. Por si acaso, conviene recordar que está bien decir de qué se hablará.

Finalmente, es muy importante que el público que asiste a la intervención tenga clara cuál será la estructura sobre la que se harán avanzar los contenidos que se quiere exponer. Está demostrado que durante la intervención, cuando se desconecta, sea durante poco tiempo o mucho, se vuelve a coger el hilo con más facilidad si se conoce previamente la estructura del discurso. Para hacer esto, es importante que la audiencia la tenga presente. Suele ser útil mostrar o compartir el esquema que se utilizará. Una intervención estructurada es más fácil que sea clara. La explicitación de la estructura facilitará que esta claridad se traspase a la audiencia.

● **Posicionamiento sobre los temas centrales.** No corresponde a ningún punto temporal concreto de la intervención, pero es imprescindible, en un momento u otro, expresar cuál es el posicionamiento, pensamiento, sentimiento de quien habla sobre lo que está explicando. La adhesión que genera, desde la credibilidad, es mayor si se tiene la impresión de que el emisor cree en aquello sobre lo que habla. No genera que la audiencia esté de acuerdo, pero aproxima lo que dice a quien lo dice y, por tanto, lo hace más creíble. La expresión manifiesta de lo que se piensa o se siente sobre el tema que se está exponiendo generará una empatía mayor para con quien escucha. Por este motivo es recomendable escribir este sentimiento y hacerlo explícito en algún momento de la comunicación. En general, es mejor hacerlo más hacia el principio que hacia el final. Solo es recomendable dejarlo para el final si esta expresión forma parte del hilo conductor de la intervención (por ejemplo, si se está justificando qué se votará en unas elecciones y durante toda la comunicación se explica cómo se ha llegado a una conclusión u otra, que no se explicita hasta a la final). Ahora bien, se trata de un recurso más orientado a profesionales que saben mantener esta tensión discursiva, como, por ejemplo, un político.

⑨ Argumentación. Es posiblemente la parte del contenido de una intervención a la que más tiempo se le dedica y que más espacio ocupa en el cómputo general de la preparación. No es negativo que sea así, pero no siempre es necesario. Se trata de los mensajes y conceptos que se quieren explicar. En general, se prepara bien y, si está estructurada, funciona, comunicativamente hablando. El orden es un activo para prepararla. En la transmisión comunicativa de los contenidos en las sesiones remotas se pierden algunos elementos que sí se encuentran en la transmisión física, y que solo pueden ser resueltos con una estructura clara y explicitada. Es importante seguir esta línea y dedicar el tiempo necesario a su preparación. Aun así, se apuntan algunas recomendaciones para mejorar la planificación y la preparación de la parte argumentativa de los discursos:

- Siempre es mejor que responda a una estructura y que se muestre tan ordenada como sea posible.
- Explicitar la estructura, es decir, hacer que la audiencia la conozca, ayudará a comprenderla.
- Hay que intentar hacerla tan corta como sea posible. Es la parte más árida de la intervención y donde es más fácil desconectar. En estos momentos es cuando toma más sentido el concepto de «menos es más».
- Es beneficioso explicitar constantemente en qué parte de la estructura estamos.
- Recordar a la audiencia, incluso repetitivamente, qué se ha hecho y qué queda por hacer todavía ayuda a situarse.
- Desarrollar microrresúmenes dentro de cada parte de la estructura facilita la «absorción» de los contenidos.
- Se debe intentar entrelazar las diferentes partes de la intervención y generar puentes entre cada una de ellas.

⑩ Cómo se acaba. Final. Y se llega al final. Las intervenciones deben concluir y tienen que acabar bien. Es triste que, después de los esfuerzos dedicados a la preparación y la realización, acabe todo con un sim-

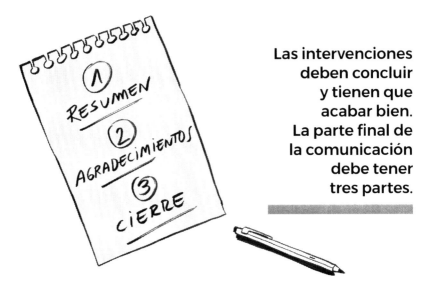

Las intervenciones deben concluir y tienen que acabar bien. La parte final de la comunicación debe tener tres partes.

ple «y ya está». No se puede permitir y hay que trabajar para que no sea así. La parte final de la comunicación debe tener tres partes:

a. Resumen
b. Agradecimientos
c. Cierre (o conclusión)

El final de una intervención pública debe durar poco más de un minuto. Si dura mucho más, puede intranquilizar a la audiencia. Debe empezar con una palabra clave: «Y para acabar» (por cierto, debe pronunciarse cuando quede muy poco tiempo para concluir; si se pronuncia cuando queda demasiado para finalizar, el público se intranquilizará innecesariamente). Con la expresión «Y para acabar» el público vuelve a conectar. Incluso aquellas personas que no están escuchando tienen la capacidad de captar esta expresión. Se vuelve, pues, a tener la atención plena de la audiencia. Es el momento para introducir una sinopsis, la síntesis, de lo más importante. Ahora es cuando hay que recuperar el resumen realizado en el paso 2 de esta metodología y hacerlo explícito. Es positivo que el final de una intervención empiece con un resumen. De esta manera, por lo menos, la audiencia habrá escuchado lo más destacado de lo que se quería transmitir. Si tuviéramos que elegir un minuto para ser escuchados, ¿no elegiríamos este?

Después, y si es necesario, llega el momento de los agradecimientos. Es mejor hacerlos al final que al inicio. Agradecer al principio resulta excesivamente protocolario. Hacerlo al final se percibe de una manera más sincera. Agradecer es gratuito y siempre genera empatía. No cuesta nada y la gente lo aprecia. Eso sí, es mejor no olvidarse de nadie a quien haya que dar las gracias porque no hay nada que genere más distancia emocional que alguien no se sienta agradecido públicamente cuando los de su entorno sí reciben palabras de gratitud. Por lo tanto, si hay mucha gente a la que es necesario dar las gracias, es mejor apuntárselo en un papel.

Y llega el instante de cerrar la intervención. El final es otro de los momentos trascendentes. Hay que pensar cómo acabar para dejar un buen sabor de boca a la audiencia. Se debe preparar algo que ponga un buen punto final. Puede ser una frase que resuma lo que se ha querido decir, un poema, una cita de un autor célebre, la respuesta a una pregunta que se ha formulado al inicio, la solución del reto planteado... Sea como sea, debe permitir cerrar, finalizar. Es evidente que si se quiere redondear la intervención se necesita prepararla, porque difícilmente se podrá improvisar. Y si no se tiene un final preparado, siempre quedará un clásico que, sin ser nada del otro mundo, es formal y funciona: «Gracias por su atención. Quedo a su disposición para cualquier pregunta que necesiten. Buenas tardes». Ahora bien, es mejor preparar un final más redondo. Después de tantos esfuerzos para preparar una intervención eficaz, vale la pena cerrarla dejando una buena impresión.

La diferencia entre un profesional sénior y uno júnior radica en el uso de metodologías. El primero las tiene asumidas, las aplica y sabe adaptarlas a las circunstancias y los problemas. El segundo está en una fase de búsqueda y de experimentación de los métodos para conseguir los resultados deseados. Probará, errará, cambiará y se hará sénior, es decir, acabará siendo un profesional con un buen uso metodológico. Por lo tanto, cada uno debe encontrar su propio método para preparar cualquier intervención. La metodología más eficaz es siempre aquella que ha sido personalizada. En esta preparación, y una vez aplicado el proceso metodológico que cada uno considere oportuno, hay una serie de elementos que juegan un rol central en el proceso comunicativo: la cara, los artefactos, los tatuajes, la atención, la actitud, la energía, los detalles... Son aspectos que alimentarán todo lo que se haya preparado en una dirección u otra.

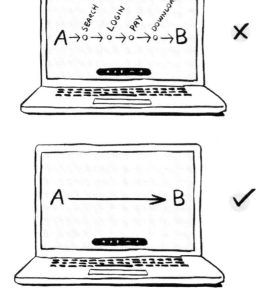

Siempre es mejor que el recurso de interacción no suponga descargarse ningún programa o aplicativo.

CONSEJOS PARA EL USO DE HERRAMIENTAS, RECURSOS Y MATERIAL DE APOYO PARA DINAMIZAR LAS INTERVENCIONES *ONLINE* Y REMOTAS

Una de las ideas centrales que se quieren reforzar en este libro es que las intervenciones físicas y las remotas no funcionan de la misma manera; se abordan de forma diferente y necesitan una planificación diferenciada. Es evidente que la comunicación *online* comparte muchos aspectos que pueden ser equiparables a los de la comunicación presencial, pero resulta obvio que necesitará recursos y herramientas específicas para conseguir la máxima eficacia. Una herramienta y un recurso no son exactamente lo mismo. Una herramienta es un instrumento que sirve para hacer algo concreto. Cada oficio dispone de herramientas específicas que le son propias. Un recurso es una ayuda o un medio del cual alguien se sirve para conseguir un fin. Una herramienta es un instrumento y un recurso es un medio. Ambos, sin embargo, son importantes para poder conseguir la máxima eficiencia en las intervenciones públicas. Del mismo modo que hay un consenso generalizado acerca de que en las intervenciones presenciales, donde es posi-

Hay que dosificar el material de apoyo a la sesión.

ble proyectar documentos, es recomendable utilizar algún tipo de programario que permita reforzar con imágenes o palabras lo que se está diciendo, resulta evidente que se ha descubierto que, en las intervenciones digitales, cuanto menos tiempo dure una reunión o más rápidamente se exponga un contenido, más alto tenderá a ser el índice de eficacia. La duración de la intervención se ha convertido en un recurso que se puede utilizar. En este sentido, se presentan unas recomendaciones para el uso de herramientas, recursos y material de apoyo en las intervenciones remotas.

Recomendaciones para el uso de herramientas, recursos y material de apoyo en las intervenciones remotas

➡ **Hay que utilizar recursos, pero sin abusar.** Una intervención en la red sin el uso de varios recursos o herramientas que faciliten la dinamización o la transmisión de contenidos se podría considerar inconcebible. Pero el exceso de uso de estos mismos recursos puede dificultar el foco sobre lo que se quiere decir. Es importante remarcar que el recurso sirve, básicamente, para dinamizar y para facilitar la atención sobre un contenido. Si no tiene este uso, puede ser contraproducente.

➡ **El tiempo es un recurso.** Todo debe ser lo más sintético posible. En comunicación *online*, menos es más.

➡ **Es mejor que el recurso de interacción no suponga descargarse ningún programa o aplicativo.** Si, a pesar de todo, debiera ser así, es mejor planificarlo antes de la sesión y asegurarse de que al inicio de la intervención todo el mundo dispone de la misma capacidad de uso de estos recursos.

- **Si la herramienta o recurso utilizado pide alguna interacción previa, hay que planificarla.** Si se desarrolla durante la sesión, puede cortar el ritmo y generar frustración y desatención en aquellos que no consigan superar la interacción.

- **La red dispone de un número ilimitado de herramientas y de recursos para la comunicación *online*.** Es, posiblemente, uno de los efectos positivos de la crisis de la COVID-19. De manera muy rápida, el volumen de aplicativos que facilitan la interacción se ha incrementado y se ha dimensionado para que todos puedan ser compatibles en todo tipo de plataformas tecnológicas. En la planificación de la interacción resulta necesario buscar qué es lo que se necesita y prepararlo.

- **El idioma puede ser un freno para el uso de una herramienta o un recurso.** Puede darse el caso de que no todo el que participa en la sesión tenga el mismo nivel de conocimiento de algún idioma extranjero, y esto dificulte el uso de la herramienta o recurso. Hay que tenerlo en cuenta.

- **Los recursos de pago deben estar justificados y todos los participantes han de tener muy claro, previamente a su uso, si tendrán que hacer un gasto extra.** De hecho, lo más recomendable sería que fuera un tema resuelto previamente al inicio de la intervención.

- **Hay que tener cuidado de no mostrar datos personales y contraseñas.** Cuando para el uso de una herramienta o un recurso sea necesario mostrar algunos datos personales o contraseñas, hay que ser extremadamente cuidadoso para que estos no se muestren a todos los participantes ni se compartan públicamente; por ejemplo, cuidado con enviar el correo electrónico o el número de móvil por el chat de la aplicación que se está utilizando, pues puede hacerse extensivo a todo el mundo que participa en la sesión.

- **Es necesario conocer con suficiente profundidad los recursos que se utilicen.** Así, si surgen problemas o situaciones inesperadas, se tendrá suficiente capacidad para resolverlas y no se generará el efecto negativo que supone no conseguirlo o que alguien del público resuelva la situación demostrando más destreza que el organizador.

- **Hay que programar si será necesario aprender a utilizar o descargar alguna herramienta o material de apoyo.** Si fuera el caso, se deben planificar instrucciones o tutoriales previos a la sesión para no ralentizarla ni romper la dinámica.

➡ **El material de apoyo a la sesión se debe dosificar.** No se trata de ofrecer cuanta más información mejor. Hay que ofrecer aquella que se ajuste a las demandas de la audiencia, que, además, no será uniforme. Por ejemplo, no es recomendable hacer largas listas de bibliografía o de recursos digitales. Es mejor ofrecer pocos, pero teniendo claro qué es lo que aporta cada uno de ellos.

➡ **El material de apoyo muy específico es mejor ofrecerlo solo bajo demanda.** Si después de la intervención alguien pide más información sobre aspectos muy concretos, es mejor dirigirlo a canales privados porque, como esta cuestión no es de interés general, puede generar desconexión en los demás.

DINÁMICAS DE INTERACCIÓN (PROGRAMAS, APLICACIONES, IMÁGENES, VÍDEOS, EMOTICONOS...)

La comunicación *online* necesita recursos y herramientas de interacción para integrar mejor a la audiencia en la intervención pública que se está desarrollando y para ofrecer una información más clara y comprensible. De hecho, la interacción es válida y útil también en las comunicaciones presenciales, pero se ha demostrado del todo imprescindible en las intervenciones remotas. Resulta habitual asistir a una conferencia, clase o reunión donde, mientras el ponente habla, una proyección intenta sintetizar y reforzar las principales ideas que se están exponiendo. Se trata de un recurso, que ya se ha hecho habitual, que facilita la integración del público que asiste ofreciendo otro lenguaje de relación, en este caso el visual, y que se puede considerar, pues, de interacción. Este tipo de recursos están pensados para incrementar la integración y la comprensibilidad del receptor respecto al mensaje que ofrece el emisor. Además de estos hábitos de las intervenciones presenciales, hay que considerar que en las intervenciones remotas, al perderse, a consecuencia de la mediación técnica, una parte del *feedback* que se puede conseguir en el contacto presencial, la validación sobre lo que se expone y el refuerzo explicitado sobre la comprensibilidad del contenido resultan esenciales para el ponente y se han convertido en irrenunciables. Este hecho hace aún más necesarias las dinámicas de interacción.

Una intervención remota —y también una presencial— debe disponer de un número de recursos. No hay ningún motivo para que sean excesivamente elaborados. La simplicidad será una buena compañera de viaje. Pero se deben preparar y, por tanto, hay que pensar en ellos antes, porque difícilmente se pueden improvisar. Un recurso puede suponer un simple detalle en una intervención. Pero la suma de detalles en una dirección correcta es lo que genera la diferencia entre las intervenciones exitosas y las fracasadas. Según el tipo de dinámicas utilizadas, y las herramientas o recursos sobre los que se trabaja, **se pueden catalogar en las siguientes categorías** (no se trata de desarrollar todos los recursos concretos que se pueden encontrar, ni de las tecnologías sobre las cuales se utilizan, sino de ofrecer una visión general que permita entender que puede haber recursos de muchos tipos. Además, hay que tener en cuenta que los recursos también se pueden combinar entre sí y que esta combinación puede dar pie a nuevos recursos):

- **Recursos visuales.** Se trata de cualquier recurso que tiene la imagen como eje central (fotografías, vídeos, diapositivas...) y que facilita la comprensibilidad de lo que se está diciendo a partir de la mirada. Resulta especialmente útil para los perfiles más ejecutivos y visuales (estilos comunicativos del método Bridge). Es recomendable que, en la pantalla, estos recursos visuales se vean tan grandes como sea posible y que se complementen con algún texto. Dado que no todo el mundo está igual de predispuesto a la lectura de una imagen y, por tanto, no tiene las mismas competencias, es conveniente explicitar las interpretaciones. En los vídeos hay que tener presente que a menudo las plataformas tecnológicas de reproducción omiten fotogramas (cada una de las imágenes fijas que conforman un vídeo; se estima que para conseguir la sensación de imágenes en movimiento se deben emitir un mínimo de 16 fotogramas por segundo). Esta omisión se produce para facilitar la transmisión de las imágenes, que, por tanto, se pueden ver con menos calidad que en el original. En la red se pueden encontrar editores gratuitos de imágenes y vídeos que, de manera muy simple, pueden modificarlos o hacer pequeños cambios (añadir un texto o una pregunta, cortar un vídeo en un momento dado, intercalar o insertar una imagen dentro de otra...). Entre los recursos audiovisuales hay que considerar el uso de la música.

- **Recursos gráficos (logos, escudos, emoticonos, infografías, diagramas, diseño general utilizado...).** Se trata de una serie de elementos básicos en torno a la jerarquización y ordenación de la información. Están pensados para ayudar a captar la información, a darle un significado concreto y dinamizarla internamente. Es recomendable que en la transmisión remota todo sea muy simple y limpio. Es mejor no utilizar diseños especialmente recargados. La simplicidad y la elegancia deberían ser las normas básicas de uso. También es un caso en el que menos es más. El minimalismo (que no quiere decir que todo sea más pequeño) es un buen camino a seguir. Para dinamizar intervenciones grupales en remoto resultan especialmente útiles aplicaciones para hacer diagramas, para valorar mediante emoticonos o para construir colectivamente infografías o líneas de tiempo de manera colaborativa.

- **Recursos vocales o básicamente para ser dichos.** Se trata de una serie de procedimientos sonoros que permiten una respuesta de una manera sencilla. Básicamente deben ser dichos y pueden, o no, pedir la interacción de la audiencia. Entre los más utilizados se hallan los siguientes:

  ▶ **Preguntas directas al público.** Más allá de las preguntas retóricas que formula quien habla, y que contesta él mismo, puede ser una herramienta de interacción que logra captar la atención e integrar al público dentro de la intervención. Si se busca algo que vaya más allá de una serie de respuestas testimoniales, es necesario organizar las preguntas para utilizar después los resultados (contarlos y procesarlos).

  ▶ **Microencuestas.** La tecnología ha facilitado el uso de este tipo de recurso porque resulta especialmente fácil llevarlo a cabo y obtener los resultados de forma inmediata. Si se utiliza, en algún momento será bueno ofrecer los resultados finales obtenidos. Es una buena manera de captar la atención en el inicio de una intervención.

  ▶ **Lectura de citas, poemas...** Seguramente es uno de los recursos más clásicos, tanto en las comunicaciones presenciales como en las virtuales. Hay que prestar atención a no caer en que estas referencias sean demasiado obvias o ridículas. Se abusa de las citas de filósofos griegos. Es importante recordar que un poema es una canción y que, por tanto, tiene un ritmo específico. Puede ser interesante reforzar con la proyección de una diapositiva textual la cita o el poema que se ha dicho.

▶ **Cuentos, historias, narraciones.** Son captadores naturales de la atención y ayudan a la visualización de una situación. Hay que procurar no convertir la intervención en una suma de anécdotas que generen la percepción de que no se ha dicho nada.

• **Recursos textuales.** Escribir de manera colaborativa o compartida un texto o una definición o valorar alguna situación puede ser una buena forma de dinamizar una reunión, conferencia o clase. El uso de *software* que permita presentaciones interactivas o pantallas compartidas puede facilitar este trabajo. En la red se puede encontrar un buen número de recursos en esta dirección. También hay que considerar la elaboración de sitios web o intervenciones en redes sociales de manera compartida.

• **Recursos sonoros.** Mediante el sonido se puede captar la atención. No siempre es necesario gritar para reclamar la escucha. Pero se puede establecer una serie de «normas» que todo el mundo reconozca y que faciliten la dinamización de la sesión (por ejemplo, siempre que se hace un sonido determinado, la audiencia debe hacer algo). Se pueden usar artefactos o instrumentos que emitan algún sonido concreto para llamar la atención. Se debe valorar la posibilidad de ofrecer recursos solo de audio, como el *podcast*. Hay que considerar también el uso de composiciones musicales o la elaboración de música entre los participantes de una intervención. Una de las ventajas de los recursos sonoros es que pesan mucho menos en términos tecnológicos y tienden a llegar con más calidad al público. A menudo estos recursos están infravalorados, si bien ofrecen muchas posibilidades.

• **Recursos lúdicos.** En los últimos tiempos se ha popularizado el uso de aplicaciones que permiten contestar preguntas de manera competitiva o completar retos individuales, que, situados dentro de una intervención remota, facilitan la dinamización y la asunción de los contenidos que se ofrecen. Los juegos en línea o los cuestionarios competitivos ya son recursos de uso habitual en las aulas.

- **Recursos físicos.** Para según qué tipo de intervención se puede considerar la utilización de material específico sobre el que se interactúa para que después, de una manera u otra, los participantes compartan el resultado de esta experimentación. Así, por ejemplo, antes de la intervención todo el mundo puede recibir un material (libro, fotocopias, archivo que se ha de imprimir, objeto...) sobre el cual debe trabajar antes de la sesión o mientras dure esta. También se pueden considerar otros recursos, como por ejemplo objetos que todo el mundo utiliza a la vez o la construcción didáctica de algún tipo de estructura (Lego, Playmobil...).

DURACIÓN

La gestión del tiempo que durará la comunicación es uno de los recursos más destacados que se pueden utilizar en una intervención remota. El tiempo es un bien escaso que no se puede comprar. En general, a todo el mundo le falta tiempo. No es habitual encontrar a alguien que diga que tiene todo el tiempo que quiere para hacer todo lo que le plazca, siempre que no se encuentre en unas condiciones especiales (convaleciente, lesionado, jubilado...). Seguramente, si se pudiera pedir un bien inmaterial al genio de la linterna mágica o a los Reyes Magos de Oriente, se les pediría tiempo. Durante todo el libro se ha reiterado que menos es más, que las comunicaciones mediatizadas por pantalla, cuanto más cortas son, más efectividad tienen y más direccionalidad ganan. Por lo tanto, gestionar la expectativa del tiempo durante el cual se ha de hablar no deja de ser un recurso más a tener en cuenta.

Decía uno de los padres fundadores de Estados Unidos, Benjamin Franklin, que el camino hacia la riqueza dependía de la capacidad de no malgastar el tiempo. El formador especializado en habilidades directivas Antonio Valls cree que la correcta gestión que se debe hacer del tiempo tiene cinco etapas: introspección (descubrir las verdaderas necesidades), dirección (cuál es la misión que se tiene en la vida), organización (resolver las dicotomías entre lo que es importante y lo que no lo es), organización en relación con los otros (interaccionar adecuadamente) y llevarlo a la práctica. Para desarrollar con éxito esta gestión se deben poner en práctica algunas actuaciones que recomiendan todos los cursos de habilidades de gestión del tiempo, como, por ejemplo, aprender a delegar tanto en el tiempo (hacerlo más adelante) como en otras personas, gestionar una agenda, saber separar lo urgente de lo importante, diferenciar entre las cosas que se deben hacer y las que no se deben hacer (aprender a decir que no), analizar dónde nuestro trabajo aporta valor y dónde no, preguntarse constantemente por qué se hacen las cosas (propósito), fijarse metas y prioridades, marcar espacios de descanso, identificar a los ladrones de tiempo, etc.

Todo esto hace que el tiempo sea considerado un activo a tener en cuenta en las intervenciones *online*. Respetar el tiempo de los demás no es solo una cuestión de educación, sino también un tema de productividad. Gestionar bien nuestro tiempo y el de los demás genera más eficiencia, pero también rebaja los niveles de estrés y genera más felicidad y empatía en el entorno. Para hacer una correcta gestión, en una intervención remota, hay que tener en cuenta diferentes aspectos.

Terminar una intervención remota diez minutos antes de lo previsto no ha de ser un problema, más bien lo contrario.

Aspectos a tener en cuenta para una correcta gestión del tiempo en una intervención remota

➡ **Tener claro el tiempo de que se dispone.** Hay que intentar no agotarlo nunca. Normalmente, es recomendable hablar menos tiempo del que se tiene. Terminar diez minutos antes de lo previsto no ha de ser un problema, más bien lo contrario.

➡ **Definir la expectativa de tiempo de la audiencia.** ¿Cuánto tiempo espera el público que dure la reunión? ¿Qué duración esperan que tenga la intervención? ¿Tienen prejuicios sobre las habilidades en gestión del tiempo del que habla (es una persona que se alarga o no)? Son preguntas que deberían resolverse antes del inicio de la intervención y que la condicionan.

➡ **Valorar el tiempo del que disponen todos los que intervienen.** Si las intervenciones son cortas y se ha generado una dinámica ágil, hay que adaptarse a ello reduciendo, en lo posible, la duración de la intervención.

➡ **Situar la reunión (conferencia) en un contexto.** Sea porque se trata de un ciclo o porque hay algún condicionante externo o interno que interfiere, el tiempo que dura una intervención puede estar condicionado por la experiencia de la audiencia o por las influencias específicas de un momento. El análisis de estas situaciones puede condicionar el tiempo durante el cual se hable.

➡ **No es lo mismo una reunión a primera hora que a última hora.** A primera hora del día el cerebro libera cortisol, que ayuda al resto de sistemas del cuerpo a despertarse. Por la mañana se está más receptivo. A última hora del día el cansancio se ha acumulado y la expectativa de durabilidad de cualquier encuentro es más corta.

➡ **Dejar un espacio para la interacción y las preguntas de la audiencia.** Si es posible, es interesante que este espacio esté organizado para evitar el miedo social que supone romper el hielo. Normalmente, si se genera más participación, el tema acabará aproximándose más al público.

➡ **Facilitar vías de profundización fuera de la intervención.** Para aquellos que deseen entrar con más profundidad en el tema tratado, hay que pensar en darles más recursos. Deben situarse, sin embargo, fuera de la reunión (conferencia), y durante la intervención no hay que gastar mucho tiempo explicando dónde están dichos recursos.

➡ **Eliminar lo que no es prioritario.** Separar el grano de la paja facilitará centrarse en lo que es realmente significativo. En comunicación remota, resulta especialmente destacado saber priorizar. Adaptar el discurso a un tiempo inferior al previsto no significa ir más deprisa, sino eliminar información y centrarse en lo que es más importante.

➡ **Preguntarse qué es lo que aporta quien habla.** Finalmente, puede resultar aconsejable, mientras se está preparando la intervención, preguntarse qué es lo que realmente se aporta y en qué innova lo que se está explicando. Este hecho ayudará a priorizar mejor los contenidos y a eliminar todo aquello que sea superfluo.

8

LA COMUNICACIÓN NO VERBAL EN LAS VIDEOCONFERENCIAS

Todas las personas que estudian los diversos ámbitos que tiene la comunicación coinciden en un aspecto: el lenguaje no verbal es el que tiene una mayor incidencia en la relación entre las personas. Por lo tanto, se superpone a otro tipo de lenguaje, como el verbal o el vocal. Se trata de la capa que impacta de manera más directa y rápida en la audiencia. Cuando se interactúa con alguien, además de lo que se está diciendo, se reconocen una serie de signos relacionados con la expresión facial, la gestualidad, la ropa, el espacio donde se encuentra, el entorno que lo rodea... Todo ello ofrece una información que condiciona, complementa o, incluso, desmiente lo que se está comunicando. El cuerpo expresa, mediante un lenguaje que se refleja externamente, la condición emocional de quien habla o escucha. Por lo tanto, cada gesto, movimiento o decisión no verbal que se hace o se toma puede ser una clave valiosa para conocer con más detalle qué es lo que siente la persona con quien se comunica.

Para ser capaces de comprender la condición emocional del interlocutor es necesario saber interpretar las pistas que ofrece el cuerpo y las circunstancias sobre las cuales se manifiesta. Los mensajes que queremos expresar suelen revelarse mediante las señales que emite nuestro cuerpo, pero a menudo también se manifiestan los que no se quieren expresar. A propósito de esto, hay que añadir la intermediación técnica, que ofrece una serie de señales que no siempre están alineadas con lo que se expresa y que, a veces, al ser poco conocidas, cuestan de interpretar. La comunicación *online* puede actuar como un distorsionador natural que dificulte la interrelación entre personas. El principal problema con el que uno se encuentra ante la necesidad de comunicar mediante la tecnología es doble: no se está tan acostumbrado a hacerlo como en la interacción presencial y la tecnología puede distorsionar suficientemente una señal no verbal (e incluso verbal) dándole un significado diferente del que se quería expresar. Por este doble motivo, si por lo general ya resulta especialmente importante estar atento al lenguaje no verbal que se manifiesta a través del cuerpo, esta atención debe ser más intensa cuando la relación se produce de manera remota. Hay que recordar, además, que el lenguaje no verbal no es universal. Así pues, y dado que la tecnología permite una comunicación más fácil y fluida con personas de cualquier cultura, resulta especialmente significativo saber quiénes son las personas con las que se está interactuando. La gran suerte es que se puede afirmar que la mayoría de las señales básicas de comunicación son similares en todo el mundo.

En la comunicación remota, así como en la presencial, resulta especialmente significativo, para poder interpretar las señales del lenguaje no verbal, que estas sean interpretadas de manera agrupada y no aislada, que sean congruentes con el mensaje que se ofrece y que se interpreten dentro de un contexto y unas circunstancias. Por ejemplo, que una persona hable muy flojo y de forma pausada no significa, necesariamente, que no esté segura de lo que está diciendo; podría tratarse de alguien a quien le duele la garganta o que tiene afonía, o que simplemente se expresa así de forma habitual. Por este motivo, ante la dificultad para recibir con claridad todas las pistas que lanza el emisor, en la comunicación remota hay que estar muy atento al lenguaje no verbal. Entre los aspectos especialmente importantes en esta comunicación cabe destacar los siguientes: el lenguaje de la cara (sonrisa, mirada, expresiones faciales...), la ropa y otros artefactos que se utilizan y elementos estéticos como los *piercings* o los tatuajes.

LA IMPORTANCIA DE LA CARA

El empresario, profesor y conferenciante Emilio Duró afirma que «quien tiene cara de tonto es tonto». Se trata de una afirmación contundente y cargada de polémica. Durante mucho tiempo, reconociendo la importancia de la cara en el proceso comunicativo, no he estado seguro de que esta afirmación fuera del todo defendible. No la negaba, pero me costaba generalizarla. La irrupción de la comunicación a través de las pantallas como un elemento de interacción habitual ha concentrado en las caras de las personas muchas de las percepciones que generan y, por tanto, la frase ha tomado más relevancia y, en mi opinión, ha ganado posicionamiento. En una sociedad que ha dejado de escuchar y que básicamente mira, y ante una comunicación mediatizada por una pantalla donde lo que más se deja entrever es la cara y el fondo que hay detrás, el rostro juega un rol central en la comunicación. Se transmite lo que transmite la cara. Uno es lo que su cara muestra que es.

Cuando se habla de la cara, en términos comunicativos, se deben considerar, como mínimo, los siguientes aspectos:

- La sonrisa
- La mirada y el contacto visual
- La geografía de la cara
- Otros elementos: labios, pómulos, mejillas y nariz
- El cabello

La sonrisa

Como ya se ha dicho, la sonrisa es el empatizador más rápido que tenemos los humanos. De hecho, no somos los únicos animales que tenemos esta capacidad (algunos primates también la tienen), pero somos los que la utilizamos más y con mayor complejidad. Cuando una persona te sonríe, de manera intrínseca, te está ofreciendo un mensaje de seguridad y de no agresión. No se espera que una persona que sonríe sea un peligro. De manera innata buscamos a las personas que sonríen, por mucho que los humanos seamos suficientemente complejos y sepamos que, aunque tengamos delante a alguien que sonríe, este tiene la capacidad de «darnos una puñalada por la espalda». Cuando se está en un país extranjero y se necesita preguntar alguna dirección a un desconocido por la calle, se busca a personas que sonrían para hacerlo. Se rehúye a aquellos que tienen semblantes serios, enfadados o que parecen preocupados. La sonrisa es un atractivo natural. Miramos más a la gente que sonríe.

Más allá de que cuando se sonríe se generan una serie de beneficios físicos sobre el organismo —se acelera la respiración, se ejercitan el diafragma, el cuello, el estómago, la cara y los hombros, se aumenta el oxígeno en la sangre, se dilatan los vasos sanguíneos cercanos a la superficie cutánea, disminuye el pulso cardíaco, se dilatan las arterias, se estimula el apetito, se libera un gran número de endorfinas, se regenera el sistema inmunitario, se defiende el organismo contra las enfermedades, se queman calorías, etc.—, está demostrado que quien sonríe tiene más amigos, más relaciones positivas, explica mejor las cosas y vive más. El buen humor es un sanador natural.

Uno de los aspectos más interesantes de la sonrisa es que no se encuentra totalmente bajo nuestro control. Se basa en un proceso imitativo controlado por las neuronas espejo. O sea, sonreír también es un acto reflejo que se ofrece a alguien cuando este nos sonríe. Los músculos faciales están controlados por el cerebro y a menudo actúan sin un control total por nuestra parte. Por ello se puede afirmar que la sonrisa es contagiosa. Si uno sonríe, el resto tiende a sonreír. El experimento es fácil y está al alcance de todo el mundo. Se trata de iniciar cualquier conversación, charla, clase... con una sonrisa. Se podrá observar que, más allá de que no sea pertinente en las circunstancias en que se produce, la situación arranca de otra manera y se produce un efecto imitativo de la sonrisa con que se ha iniciado la interacción.

Lo primero que se acostumbra a ver de una cara es la sonrisa. Sonreír es una señal universal de felicidad. Se interpreta, de alguien que sonríe, que está contento y que se siente bien. Por lo que se sabe, las primeras sonrisas aparecen en los bebés a las cinco semanas de vida y se empieza a reír entre el cuarto y el quinto mes. Los niños pequeños aprenden rápidamente que llorar sirve para captar la atención y sonreír, para mantener a alguien a su lado. Como afirman Allan y Barbara Pease, la capacidad de decodificar sonrisas parece que esté incluida en el cerebro como una ayuda para la supervivencia. El cerebro puede separar la sonrisa de cualquier otra parte de la cara, aunque, normalmente, busca, entre el resto de elementos de esta, signos de coherencia o de validación con lo que ha leído en los labios. Se podría hablar de cinco tipos básicos de sonrisa (según los mismos autores):

▶ **Sonrisa con los labios tensos.** Los labios se tensan formando una línea recta y se esconden los dientes. Ofrece la idea de que la persona tiene una actitud, secreto u opinión que no quiere compartir.

▶ **Sonrisa torcida.** Muestra opiniones opuestas según el lado de la cara sobre el que se tuerce (agradable o de enojo) y trabaja el sarcasmo.

▶ **Sonrisa con la mandíbula hacia abajo.** No es fácil de hacer sin ensayo y genera una impresión más cercana al miedo o la agresividad que a la empatía.

▶ **Sonrisa torcida con la mirada hacia abajo.** Los labios se muestran tensos y la percepción general trabaja atributos juveniles, de secretismo y de búsqueda de protección.

▶ **Sonrisa de George Bush.** Así la bautizan Allan y Barbara Pease con la idea de ofrecer una imagen de personas que sonríen constantemente y que lo hacen de forma bastante natural, con los labios sin tensión y mostrando los dientes.

Otros autores también sitúan diferentes tipos de sonrisa, como la sonrisa con encías, la sonrisa leve, la sonrisa con hoyuelos..., y les dan interpretaciones diferenciadas. Sea como sea, cuando se habla a través de una cámara y los receptores miran a través de una pantalla, la sonrisa termina configurando una gran parte de la percepción que se genera. Puesto que en la comunicación remota el cerebro está buscando permanentemente pistas emocionales para entender la comunicación que recibe, necesita interpretar la sonrisa que lee y le da mucha importancia. Por este motivo resulta interesante tener en cuenta las siguientes recomendaciones para sonreír en una intervención remota.

La sonrisa sincera se encuentra en los ojos de las personas.

Recomendaciones para sonreír en una comunicación remota

➡ La sonrisa sincera se encuentra en los ojos de las personas. Lo que indican los labios se tiende a ratificar en los ojos de los interlocutores. Por lo tanto, hay que buscar que la sonrisa se sitúe en los ojos. La sonrisa sincera está siempre en los ojos. Las denominadas patas de gallo (arrugas de la piel en el contorno exterior de los ojos) son imprescindibles para que la sonrisa resulte más creíble.

➡ No se debe imitar a nadie. Es bueno ser un mismo. Por mucho que la sonrisa genere empatía más rápidamente que otros factores, si no se es una persona de «sonrisa fácil», no es necesario forzar nada.

➡ De hecho, como la sonrisa y el llanto están muy relacionados, desde el punto de vista psicológico y fisiológico, si la sonrisa no resulta clara y natural, puede ser interpretada como desaprobación o afectación.

➡ Cuando se miente, el lado izquierdo de la sonrisa suele aparecer más pronunciado. A menudo no somos conscientes de ello, pero el cerebro nos sugiere que no demos una credibilidad total a esa persona.

➡ Hay que buscar la coherencia entre lo que se está diciendo y la sonrisa que se está haciendo. Si se está explicando algo triste y se sigue sonriendo, puede ser malinterpretado.

➡ La sonrisa es una buena medicina para desestresar una situación. Si hay varias personas sonriendo en una reunión o encuentro, todo fluirá mejor.

➡ Introducir la sonrisa de manera habitual en las intervenciones generará más conexión con los sistemas límbicos de los interlocutores. Dado que este sistema es el que gestiona con más eficacia las emociones en el cerebro, se tenderá a desarrollar comunicaciones más emocionales.

La mirada y el contacto visual

La mirada constituye el wifi de la comunicación. Es posiblemente la manera más sutil del lenguaje no verbal, pero también puede ofrecer una información muy básica y clara. Por ejemplo, si se quiere simular que no se ha visto a una persona, lo que se hará será no mirarla aunque se haya visto. De esta manera la interpretación que se producirá será que no se ha visto. Todo sería muy distinto si se siguiera mirando a la persona en cuestión mientras pasa por al lado y no fuese saludada. Entre otros fines, la mirada tiene el rol de la conectividad. Dos personas que se miran interpretan que están conectadas y, por tanto, la comunicación puede fluir entre ellas. No lo es todo, porque se sabe perfectamente que dos personas pueden estar conectadas sin mirarse, pero resulta una condición imprescindible para que la comunicación se produzca con total plenitud. Cuando se habla de conectividad, se va más allá de la idea de «estoy escuchando y, por tanto, siguiendo la conversación». Cuando se mira a otra persona, también se está poniendo encima de la mesa la interpretación sobre el dominio de la conversación, sobre los sentimientos que se están generando, sobre los deseos y las actitudes que se están produciendo. La mirada es mucho más que un espacio de conectividad entre sujetos. La mirada puede ser el signo más revelador de la comunicación.

La mirada tiene una parte de voluntad, o sea, que se decide cómo se quiere hacer trabajar en una dirección u otra, y una parte de espontaneidad, y, por tanto, cuesta más de dominar y sale de una forma concreta, por mucho que haya un esfuerzo para generarla en una dirección u otra. Cuando se estudia el movimiento de los ojos, hay que ponerlo en contexto tanto con otras partes del cuerpo que lo condicionan (por ejemplo, las cejas o las pestañas) como con la personalidad y el entorno cultural y social en el que se encuentran aquellos que interactúan. Tanto en una condición como en la otra, se ha de intentar que nada de lo que transmitan los ojos sea contradictorio con lo que se quiere o no esté alineado con los objetivos que tiene esa mirada concreta. Cuando toda esta interacción se produce en un espacio delimitado por una pantalla, todo se vuelve más complejo, porque se pierden muchos puntos de referencia de hacia dónde puede ir la mirada, la cual puede no llegar con toda la información necesaria para hacer una correcta interpretación. Por ello la mirada en la comunicación remota debería estar

La mirada
constituye
el wifi de la
comunicación.

básicamente enfocada al contorno que marca la pantalla del dispositivo con el que se está conectado. Como la cara y, por tanto, los ojos se encuentran más cercanos al interlocutor, este los puede ver más nítidamente y puede hacer más interpretaciones. A continuación se desarrollan una serie de recomendaciones concretas sobre la mirada en las comunicaciones *online* y remotas que pueden facilitar la interpretación de las relaciones oculares.

Recomendaciones sobre el uso de la mirada en las comunicaciones *online* y remotas

➡ En general, las personas más cariñosas o que tienen más necesidad de afecto tienden a tener más relaciones oculares que las que no lo son tanto. Dos personas que no se conocen de nada pueden iniciar una relación solo con el contacto visual.

➡ Las pupilas se dilatan cuando una persona se excita o algo le resulta muy agradable. Unas pupilas dilatadas generan más atracción. Se mira más a la gente con las pupilas más grandes.

➡ También se mira más a las personas que tienen los ojos más grandes. Por este motivo a menudo los fabricantes de muñecas y cómics tienden a diseñar a sus personajes con los ojos muy grandes.

➡ Bajar la cabeza y levantar la vista es un gesto de sumisión que provoca la percepción de que los ojos se vean más grandes.

➡ La mirada fija sobre otro interlocutor tiene dos interpretaciones: o se está retando a la otra persona, o se está enamorado de ella. Hay que mirar dejando siempre pequeñas fugas de la vista. Este hecho resulta especialmente significativo en la comunicación remota.

➡ El ser humano es el único primate que tiene esclerótica (el blanco de los ojos). Sirve para ver en la dirección que se mira. Las mujeres tienen más esclerótica que los hombres, y esto es una constatación física que demuestra que están más preparadas para leer las emociones.

➡ Una persona que baja las cejas muestra dominio o agresión. Si las levanta muestra sumisión.

➡ Las mujeres tienen una mirada periférica más amplia que facilita que vean más allá de lo que aparentemente están mirando.

➡ Cualquier interacción sobre temas que provocan situaciones comprometidas como humillación, vergüenza, culpa, pena… genera menos

miradas hacia el interlocutor. Este hecho puede ofrecer una información básica sobre la interrelación que se está teniendo con los interlocutores.

➡ Al contrario de lo que popularmente se dice, los estudios demuestran
que los mentirosos suelen no apartar la mirada del interlocutor de manera más habitual de lo que harían normalmente con otra persona.

➡ La mirada de reojo se utiliza para mostrar interés, incertidumbre, hos-
tilidad o cortejo.

➡ El parpadeo de los ojos se encuentra dentro de los cánones habituales cuando se produce entre cinco y veinte veces durante un minuto y
cuando dura entre una y cuatro décimas de segundo. Cuando es más
frecuente o dura más, puede significar que alguien está mintiendo,
que ha perdido el interés o que se está aburriendo.

➡ Cuando una persona recuerda algo, sus ojos tienden a mirar hacia arriba. También ocurre cuando se está intentando encontrar una respuesta. Pero la mirada no significa lo mismo en función de la dirección en
la que se mire. Si se mira hacia arriba a la izquierda, se está recordan-
do algo; si se mira hacia arriba a la derecha, se está buscando una
respuesta; si se mira hacia abajo a la izquierda, se está hablando con
uno mismo, y si se mira hacia abajo a la derecha, se está intentando
recordar un sentimiento. No se trata de una fórmula matemática, pero
a menudo tiene una relación directa.

➡ Cuando los ojos miran de manera reiterada, repetida y rápida a izquierda
y derecha es porque buscan vías de escape. Manifiestan incomodidad.

Si la cara se ha convertido en uno de los elementos centrales de la comunicación *online*, no hay duda de que la mirada también lo ha hecho.
Cualquier movimiento de ojos, cejas o pestañas puede tener una interpretación por parte de la audiencia más allá de la voluntad de quien lo emite.
El comportamiento ocular no puede desligarse de la expresión facial, pero
la expresión «miramos para ver» queda ampliamente superada en la comunicación en la que intervienen dispositivos remotos.

La geografía de la cara

Todos los elementos de los que se está hablando (mirada, sonrisa, expresividad de la cara...) tienen una relación entre sí. Trabajan en coordinación,

por mucho que a veces expresen emociones diferentes o puedan llegar a ser contradictorios. Es lo que se denomina geografía o mapa de la cara. De todas las partes del cuerpo, el rostro es el que parece provocar una mejor retroalimentación externa e interna. La cara, en su conjunto, debería permitir interpretar lo que está pasando. Pero los humanos somos animales complejos y no todas las expresiones faciales representan emociones simples o significan lo que realmente sentimos. Además, la variedad de rostros humanos permite un nivel de combinaciones muy alto. Hay caras más triangulares, cuadradas, redondas; la frente puede ser alta y ancha, alta y estrecha, baja y ancha; el cutis puede ser claro, oscuro, áspero, suave, arrugado; los ojos pueden ser cercanos, saltones, hundidos; la nariz puede ser corta, larga, chata, aguileña; la boca puede ser grande o pequeña, con labios gruesos o delgados; las orejas también pueden ser grandes o pequeñas, cortas o largas; las mejillas pueden ser llenas o hundidas... Si se desarrollan todas las combinaciones posibles, es fácil entender el nivel de complejidad que puede tener la interpretación de la cara.

Tener una cara expresiva es un activo comunicativo. Siempre es mejor poder expresar con la cara las emociones y los sentimientos que verse incapacitado para hacerlo por esta vía y tener que confiar en otros recursos, como lo que se dice, la gestualidad... De hecho, muchas personas con rostros significativamente expresivos manifiestan su incapacidad para controlar los doscientos músculos de los que dispone la cara y ocultar según qué expresiones que no quieren que sean percibidas por sus interlocutores. Con pena, formulan expresiones como «mi cara lo dice todo; cuando alguien me dice algo que me desagrada, por mucho que me esfuerce, difícilmente puedo impedir que no se me note en la cara». Se trata, pues, de un activo comunicativo que se convierte en un pasivo comunicativo. Tener una alta expresividad en la cara es bueno, pero no saber controlarla acaba siendo malo. Resulta similar a aquel futbolista que con una altísima técnica tiene mucha capacidad para driblar a los contrarios, pero no tiene la habilidad de pasar el balón a un compañero. Es un buen driblador, pero acaba siendo considerado un mal futbolista. Así pues, no basta con una cara expresiva. La clave es saber controlarla y administrarla de acuerdo con los objetivos que se pretenden. Pero no resulta tan fácil.

La cara pone en evidencia la complejidad de las personas. A menudo, el rostro pone de manifiesto una emoción que no se siente en realidad o muestra una expresión absolutamente contraria a lo que se siente. Por ello la lectura de lo que el rostro expresa resulta extremadamente compleja. La investigación ayuda a entender esta complejidad. Hay investigaciones, como la que desembocó en la técnica de clasificación del afecto facial FAST (*Facial Affect Scoring Technique*), de Paul Ekman, que proporcionan instrumentos útiles para entrenarse en la capacidad de leer rostros. Pero la experiencia y la voluntad de saber más facilitarán poder interpretar con más precisión y exactitud la cara que se tiene delante. En la expresión que manifiesta la cara la mirada tiene una importancia básica, pero la tiene en función de los demás elementos que la configuran. La decodificación de esta geografía global del rostro generará una información que puede ayudar en la relación comunicativa cuando tenemos delante a otra persona, sea presencialmente o a través de una pantalla. Allan y Barbara Pease hablan de tres tipos de miradas:

▶ **Mirada social.** Es cuando se pasa el 90% del tiempo mirando al otro en un triángulo que trabaja entre los ojos, la nariz y la boca. Genera una percepción no amenazante y será visto como un interlocutor no agresivo.

▶ **Mirada íntima.** También genera un triángulo que tiene su base en los ojos, pero se alargan los vértices más allá de la barbilla y suele llegar hasta el pecho. Este vértice se puede llegar a alargar hasta más allá de la entrepierna. Las investigaciones demuestran que lo hacen tanto los hombres como las mujeres, pero posiblemente a las mujeres se les percibe menos el recorrido, dado que tienen una mirada periférica mayor. En general, es percibida como una señal de interés y de voluntad de examinar a la otra persona.

▶ **Mirada de poder.** En este caso la base del triángulo está en los ojos y el vértice, en la frente. Significa una mirada de sujeción y de querer impedir que la otra persona se escape. Tiene un toque intimidatorio y manifiesta la voluntad de someter a la otra persona.

Decía Shakespeare en la obra *Macbeth* que el rostro es un libro donde los hombres pueden leer cosas extrañas. Por lo tanto, desde hace mucho tiempo la cara se ha convertido en un elemento indispensable para cualquier interpretación de las relaciones humanas. Existen expresiones primarias de afecto (miedo, sorpresa, cólera, disgusto, felicidad, tristeza) y secundarias (interés, vergüenza...). Los investigadores han intentado desarrollar patrones sobre cómo se mueve el rostro humano en cada una de estas expresiones. No resulta fácil llegar a generalizar, pero las investigaciones han podido permitir generar más universalización en la lectura de rostros de lo que inicialmente se podía prever. Y la conclusión es sorprendente: se está social y genéticamente preparado para interpretar estados afectivos y emociones mediante las caras.

Sin poder ni universalizar ni categorizar, y teniendo presente el volumen de combinaciones casi infinitas que puede tener un rostro humano, se pueden desarrollar ciertas recomendaciones para poner en práctica o interpretar algunas expresiones faciales.

Recomendaciones para poner en práctica o interpretar las expresiones faciales más habituales

➡ Si se está impaciente por hablar, se tiende a abrir la boca y a menudo se acompaña de una leve aspiración.

➡ Si las cejas marcan como un flash, acompañadas normalmente de una sonrisa, significa que hay voluntad de interactuar.

➡ Cuando se deja caer la mandíbula y se mantiene la boca abierta sin dar más muestras de sorpresa, puede significar que lo que se acaba de manifestar ha dejado estupefacta a la audiencia. Es decir, la sorpresa suele manifestarse con las cejas levantadas, la mandíbula caída y, en consecuencia, la boca abierta.

➡ Los ojos ensanchados (sin expresión complementaria de miedo) son el equivalente de la expresión «¡Oh!» verbal.

➡ Arrugar la nariz o levantar el labio superior son muestras de disgusto.

➡ Cuando alguien se muerde el labio o mueve las pestañas reiteradamente, puede manifestar que está nervioso.

➡ Las cejas bajas y contraídas a la vez, una mirada dura y los labios o bien estrechos o bien abiertos y tensos generan percepción de ira.

➡ Cuando una persona tiene el ceño fruncido, genera la percepción de preocupación o de que es hosca.

El profesor Mark L. Knapp pone en evidencia que la cara constituye un sistema multimensaje que puede comunicar información relativa a la personalidad, al interés por algo, a la sensibilidad durante una interacción y a los estados emocionales. Por tanto, en la comunicación *online* y remota se ha de utilizar como uno de los reguladores conversacionales más destacados que permitirá posicionar, complementar y calificar los mensajes que se estén posicionando, tanto si se actúa como receptor o como emisor.

Otros elementos: labios, pómulos, mejillas, nariz...

Aunque se trate de aspectos que puedan parecer menores, todos los elementos que conforman la cara acaban constituyendo un todo que se retroalimenta y que facilita la generación de percepciones por parte de la audiencia. Hay innumerables estudios que explican los significados y posicionamientos de los denominados «otros elementos de la cara». Por mucho que estos se signifiquen en una dirección u otra, es la coherencia o incoherencia en relación con el resto de elementos del rostro lo que les da un significado u otro. Son partes del cuerpo que se pueden modificar incorporando elementos como el maquillaje y que permiten ofrecer, pues, cambios sustanciales. No es fácil generalizar sobre las características que pueden sugerir estos elementos, porque hay muchos condicionantes que no se deben olvidar: género, cultura, situación, etc. Ahora bien, más allá de estas condiciones,

Estamos social y genéticamente preparados para interpretar estados afectivos y emociones mediante las caras.

y al objeto de ofrecer una cierta conciencia sobre su importancia, se destacan a continuación algunas características que hay que tener presentes de los denominados otros elementos de la cara (hay que tomar todas las precauciones necesarias especialmente para no desarrollar interpretaciones erróneas).

Características principales de los otros elementos de la cara

➡ Los pómulos aportan angulación a la cara y, por tanto, le dan elegancia, frescura y sensualidad. Las personas con pómulos y mejillas pronunciadas, sea por su forma redondeada o porque potencian la sonrisa, son más observadas. Actúan como un captador natural de la atención.

➡ Los pómulos generosos también sugieren que se está ante personas asertivas que no suelen renunciar al conflicto. También suelen verse más jóvenes.

➡ Aquellos que tienen los denominados hoyuelos de la simpatía (tan solo el 20% de la población mundial) tienen, estadísticamente, más amigos y generan más atracción en la mirada de los interlocutores.

➡ Las personas con nariz larga tienden a ser más ambiciosas, mientras que las que tienen la nariz pequeña tienen más facilidad para mostrar su lado sensible.

➡ La nariz romana (pico en forma de curva) genera la percepción de personas líderes, estrategas y que tienen una gran seguridad en sí mismas. La nariz griega (estrecha) genera la percepción de persona con buen corazón y mucha inteligencia. Las narices chatas o de botón generan percepciones cercanas a la creatividad y la impulsividad. Las narices denominadas celestiales o arremangadas generan la percepción de personas cariñosas, optimistas y a las que les gusta ayudar a los demás.

➡ Los labios gruesos sugieren más sensualidad que los labios delgados y ofrecen personas con imagen de protectoras.

➡ Si el labio superior es más grueso que el inferior, se genera una percepción de que se tiene delante una persona amante de los dramas; si el labio inferior es más grueso que el superior, se genera la percepción de que se está ante una persona amante de los placeres.

➡ Los labios medios hacen intuir que se está ante alguien equilibrado.

El cabello

La decisión sobre tener o no tener cabello no siempre es producto de la propia voluntad. No todo el mundo tiene el pelo que quiere ni puede darle la forma y el color que desea. Pero en caso de que así sea no se ha de olvidar que se trata de otro de los elementos que genera comunicación y que puede condicionar las interrelaciones que se producen mediante una pantalla. Cuando se interactúa con alguien siempre es mejor que la cara esté tan limpia como sea posible, o sea, que se pueda percibir mucha parte de la cara. Por lo tanto, la comunicación siempre será más efectiva con caras sin barba, ni bigotes, ni flecos y con colas de caballo si se tiene el pelo largo.

Evidentemente, todo el mundo puede desarrollar su imagen de acuerdo con el estilo que mejor le siente o mejor cubra sus expectativas. Pero cuanta más cara se vea, más efectiva tenderá a ser la comunicación, por mucho que los cabellos también generen comunicación.

Cuando se habla del cabello, se hace referencia al pelo que cubre la cabeza y el rostro. Aunque se pueda encontrar pelo en toda la cara (cejas, pestañas...), al hablar de cabello en la cabeza se hace referencia básicamente a la barba y el bigote (propios del género masculino) y al cabello que cubre la

La comunicación siempre será más efectiva con caras sin barba, ni bigotes, ni flecos y con colas de caballo si se tiene el pelo largo.

cabeza. El cabello está condicionado, básicamente, por la forma, el volumen y el color, además de por su presencia o ausencia. Para su análisis también es importante el tipo de rostro sobre el que está instalado. No es lo mismo un pelo largo o corto o una barba u otra en una cara más alargada, ovalada o redonda. Dependiendo del resultado final que ofrece, tiende a dar un mensaje u otro.

▶ **Barba y bigote.** Un estudio publicado en Behavioral Ecology asegura que la barba se asocia a mayor edad y estatus social, pero no necesariamente a mayor atractivo. En otro estudio publicado en la revista *Science* por los biólogos William Hamilton y Marlene Zuk se sugiere que la barba genera una percepción de buena salud y vitalidad y que muestra la fortaleza del sistema inmune. Tiene una relación directa con la idea de madurez y es cultural. La pogonofilia es la atracción desmedida por las barbas. No hace la misma interpretación de una barba o un bigote un occidental que un judío o un árabe. En cada país tiene significados diferentes. Ahora bien, lo que resulta innegable es que otorga un significado y permite un tipo de comunicación concreto. Por ejemplo, un *hipster* tiene entre las formas de expresión de su identidad un tipo específico de barba. Las patillas extensas muestran a personas con una mirada rebelde, *vintage*, que se niegan a aceptar las modas y que, incluso, están hechas a la antigua. Las barbas denominadas de tres días (no necesariamente tienen que ser de tres días, simplemente quiere decir que se lleva pocos días sin afeitarse) permiten ofrecer un toque informal pero, a la vez, arreglado, y buscan una actitud seductora. El bigote tiene un cierto significado *vintage*, e indica madurez, seguridad en uno mismo, elegancia y simplicidad. La perilla y la barba de chivo tienden a mostrar desconfianza, porque refuerzan la barbilla y emulan el tipo de pelo de algunas cabras o el de la representación de Satanás. En según qué tipo de rostro y de labios, la perilla es un complemento ideal para generar una percepción diferente de la cara. La barba media evoca un toque energético, audaz y serio a las personas que la llevan. La barba larga, más allá de algunas interpretaciones colectivas que la reivindican (lumbersexuales...), indica que esa persona es persistente, terca y que le gusta cuidarse.

▶ **El cabello que cubre la cabeza.** Lo primero que hay que afirmar es que el cabello dice muchas cosas de cada uno (personalidad, estado de salud...). Hay una tendencia general a pensar que cuando una persona se encuentra bien cuida de su cabello y persigue un resultado concreto. Históricamente, ha tenido un significado, y ya en el antiguo Egipto el cabello era una representación de un estatus social; de ahí la importancia que en muchos casos ha tenido, desde aquella época, el uso de pelucas. También se ha utilizado como una forma de rebeldía social: los punks se peinaban con una forma y un color concretos para manifestar su disconformidad. Según algunas interpretaciones, el cabello es la representación del estado del corazón, del riñón o de la sangre. Hasta hace poco las mujeres tendían más a llevar el cabello largo y los hombres, corto, pero esta es una brecha que ha ido cambiando y en la actualidad es mucho más difícil generalizar. La mirada diferenciada en el pelo entre hombres y mujeres de hace unos años ha ido desapareciendo. Sin embargo, y de acuerdo con un estudio de la Universidad de Nueva York, se puede afirmar lo siguiente:

- El cabello rizado denota calidez, generosidad y una personalidad acogedora, así como liderazgo, dinamismo, intuición, razón y expresividad.
- El cabello liso potencia la lógica por encima de todo y tiende a incorporar reflexividad a la personalidad. Se trata de personas analíticas que trabajan en soluciones racionales por encima de todo.
- El cabello corto es más propio de compromiso y responsabilidad. También denota confianza, sinceridad y firmeza en las decisiones.
- El cabello largo es propio de personas que buscan proximidad, elegancia y sofisticación.
- El cabello extralargo, aunque más propio de las mujeres, significa una mentalidad soñadora, flexibilidad y espíritu creativo.
- El cabello de colores genera varios tipos de interpretaciones en función del color que se usa. En general, los más extremos (rojos, azules, lilas...) muestran rebeldía, disconfor-

midad y voluntad de romper con los cánones, y los menos extremos (pelirrojo) significan una personalidad divertida, cariñosa y a quien no le gusta la monotonía.

- Los cabellos más rubios (amarillos) significan una voluntad de salir adelante, hacia lo nuevo, modernidad. El pelo más castaño (marrones) representa una voluntad de positividad, perseverancia y tenacidad; asimismo, son personas vistas como más reflexivas e inteligentes. Los cabellos más negros generan más experiencia; son propios de personas que se ven como más adultas y con más fuerza y voluntad. Las canas se asocian a la vejez y son buenas para aconsejar y generar tranquilidad y estabilidad.
- El cabello recogido inspira un aire de profesionalidad y pragmatismo, mientras que dejarse el cabello suelto provoca la impresión de libertad, porque es más informal.
- Si el cabello se sitúa de manera simétrica en la cabeza, se genera la percepción de equilibrio; si hay diferencias entre ambos lados de la cara, muestra más empatía, sensibilidad y modestia.
- Las personas calvas ponen toda su cara al servicio de la comunicación y, por tanto, tienden a comunicar más sinceramente. La calvicie no siempre ha sido bien considerada. Durante años las personas calvas intentaban ocultarlo utilizando pelucas o peluquines. También, históricamente, rapar el pelo de los enemigos era un signo de humillación. Esta realidad ha ido cambiando y en la actualidad tiene un toque de tendencia de moda.

ARTEFACTOS UTILIZADOS (ROPA Y COMPLEMENTOS)

En términos comunicativos, se puede considerar «artefacto» todo aquello que alguien se pone encima del cuerpo para ofrecerle la imagen necesaria para afrontar una situación social concreta. Cada mañana, cuando nos levantamos y nos miramos al espejo, vemos a nuestro verdadero yo. Somos lo que vemos en el espejo. A partir de ese momento, y en función de la realidad social que se deba afrontar ese día, se empiezan a modificar las condiciones del cuerpo para situarlo de acuerdo con la imagen que se quiere ofrecer. Todos los elementos que nos ponemos «encima» son los denominados artefactos. Hablamos, pues, de maquillaje, perfume, ropa, complementos como gafas, reloj o collar, zapatos...

Cada día se utilizan elementos diferentes en función de varios condicionantes:

- El entorno social o físico (formal, informal, de etiqueta, *casual*, para estar en casa...).
- Los objetivos que se persiguen en esa situación (pasar desapercibidos, destacar, provocar...).
- La situación profesional o personal concreta (soy camarero, enfermero, ejecutivo...).
- La situación mediática o tecnológica (estoy en remoto, tengo una reunión presencial...).
- La experiencia personal histórico-cultural en ese entorno o globalmente (siempre vamos vestidos iguales, nunca nos ponemos corbata...).
- La temporalidad (es un día festivo o de diario, estamos de vacaciones...).
- Las necesidades y posibilidades (solamente se tiene un traje y está sucio y manchado, hace frío...).

Sea con el condicionante que sea, según Mark L. Knapp, los artefactos tienen diversas funciones en las personas: decoración, protección (tanto física como psicológica), atracción sexual, autoafirmación, autonegación, ocultación, identificación grupal y exhibición de estatus o de rol. Cuando una persona se viste con cualquier artefacto, tiene una finalidad que en general no está escrita o definida de manera explícita (más allá de los entornos en los que el tipo de ropa y complementos están definidos: trabajadores de hospitales, estudiantes en ciertos centros....) y que a menudo solo conoce, o sabe interpretar totalmente, la propia persona. Esto provoca equívocos y disfunciones, y resulta de gran complejidad su normativización y definición, porque, además, se va modificando con el paso del tiempo y en función de la cultura en la que uno se encuentre. Por ejemplo, es posible que alguna vez, en unos grandes almacenes, alguien nos haya confundido con un trabajador de ese centro y nos haya preguntado por alguna característica de un producto. Nuestra ropa o nuestros complementos han ofrecido una información que, posiblemente, no estaba alineada con la finalidad con la que nos habíamos vestido ese día, pero que alguien ha interpretado de otra manera. Por lo tanto, la interpretación sobre los artefactos que se utilizan no depende exclusivamente de nosotros. Hay una parte que está depositada en los receptores y que depende también de sus experiencias, cultura, situación...

Sería imposible elaborar un listado detallado de las características interpretativas que tienen todos los artefactos y de la relación con las situaciones con las que conviven. Además, hay que tener presente que estos artefactos también tienen una relación directa con la persona que los usa y todas las características físicas y de relación de las que dispone. La combinación de todos estos elementos convertiría en titánico o infinito el trabajo de elaborar dicha lista. Ahora bien, los últimos estudios sobre los efectos de la ropa y los complementos en la relación entre las personas magnifican su importancia en una sociedad donde la imagen ha pasado a ser parte del lenguaje. «Dime qué ropa llevas y te diré quién eres» es uno de los lemas más repetidos en internet cuando se hacen búsquedas relacionadas con la moda.

Este hecho se magnifica cuando se habla de la comunicación remota, especialmente si esta se produce desde el hogar y en relación con el mundo profesional, básicamente porque confluyen dos aspectos, a menudo contradictorios, con respecto al uso de complementos:

- Estar en casa suele suponer un relajamiento en el uso de artefactos (en virtud de una supuesta comodidad se tiende a vestirse con la camiseta con más agujeros de la que se dispone, con zapatillas...).
- Se está en casa, pero el entorno social corresponde a la profesión (trabajo).

En estas situaciones la pregunta que hay que formularse, aunque no sea explícita, es evidente: «Si estamos en casa trabajando, ¿debemos vestirnos como si estuviéramos en el trabajo?». Y la respuesta es clara: es lo más recomendable y debería ser lo más habitual. Según las investigaciones sobre este tema, una de cada tres personas que teletrabaja lo hace en pijama. La lógica lleva a pensar que tan solo es necesario vestirse formalmente en la parte del cuerpo que podrá ser vista por la pantalla, normalmente la de arriba. Esta práctica ha sido definida como *business above*, o personas que solo visten el 50% de su cuerpo de acuerdo con lo que su trabajo requiere, mientras que el otro 50% se corresponde con una manera de vestir más propia del entorno familiar. Algunos psicólogos interrogados sobre este hecho destacan que esta situación no es beneficiosa para el trabajo que desarrollamos, porque el cerebro percibe que no se encuentra en un entorno cien por cien profesional y, por tanto, tiende a desarrollar algunas rutinas más propias de la intimidad del hogar que de la profesionalidad del trabajo. Por ello lo más recomendable es intentar que sea la situación profesional la que lidere el tipo de artefactos que uno se ha de poner encima mientras está teletrabajando.

Los artefactos son una de las primeras capas comunicativas que interactúan con los demás, especialmente en las intervenciones remotas y *online*, y tienen una importancia que no se debería despreciar. Cuando se establece una conexión virtual con alguien, los primeros elementos que se analizan son, por este orden, la cara, el fondo y la ropa y complementos que se llevan. Los estudios de *neuromarketing* destacan esta prevalencia. Hay una **serie de recomendaciones que afectan a la ropa en la relación comunicativa con los demás y que se deberían tener presentes** (entre ellas se especifican algunas de las que apunta la consultora y formadora de la imagen Silvia Foz):

- Con los diseños más bien estructurados y rígidos se da a entender que se es una persona ordenada, segura e incluso rígida, si se abusa de ellos.
- Los diseños más caídos dan a entender que se es una persona cercana, relajada e incluso dejada, si se abusa de ellos.
- Los tejidos sintéticos suelen relacionarse con personas prácticas.
- Los tejidos naturales se relacionan con la comodidad y con lo que es auténtico.
- Los colores de la ropa también generan significados, que pueden ser diferentes en función de si los lleva un hombre o una mujer. Hay algunas generalizaciones: si se combinan colores contrastados, se generará dinamismo y jovialidad; si hay estampados florales, se evocará romanticismo; si hay elementos redondeados, se aproximará a la ternura y la cercanía; si los estampados son más rectangulares, todo sugerirá más estabilidad.

- Si a la ropa se añaden complementos (pañuelos, corbatas...), se ofrece la idea de que se es alguien a quien le gusta cuidar los detalles.
- Las personas que van vestidas de marcas identificables pueden ser percibidas como gente con recursos, pero a la vez con una baja autoestima.
- Las personas que siempre visten de la misma manera generan la percepción de que son de ideas fijas, aunque ello les condicione a no destacar en ningún ambiente.
- Los *looks* provocativos, más allá de objetivos específicos, tienen que ver con la voluntad de llamar la atención sobre el físico, y, por lo tanto, se corre el riesgo de aparentar inseguridad y narcisismo.
- Los *looks* informales pero elegantes (aunque sea con algún complemento que manifieste dicha elegancia) generan, en los interlocutores, la idea de que se hallan ante una persona con autoestima, flexible y con una marcada personalidad propia.
- Si siempre se utiliza ropa deportiva, se puede intuir que estamos ante personas un poco inmaduras.
- Vestir con tallas grandes o pequeñas puede indicar que delante hay personas poco atentas a los detalles.

Los complementos también juegan un rol comunicativo nada despreciable. Estas son algunas de las principales características que se les pueden atribuir:

- Cualquier complemento, si es muy grande, muy llamativo o muy brillante, tenderá a llamar la atención por encima de lo deseable. También influye la distancia que tienen con la cámara. Un anillo tiende a percibirse más que un pin.
- Las gafas hacen parecer más inteligente y con más experiencia pero, normalmente, menos atractivo.
- Si se necesitan gafas para leer, es recomendable quitárselas y ponérselas cada vez que sea necesario. Mirar por encima de las gafas genera la sensación en los receptores de que están siendo juzgados o examinados.
- Llevar las gafas de sol en la cabeza genera una imagen de relajación y jovialidad que, a buen seguro, no es recomendable en los entornos profesionales.

- El uso de gorras o sombreros en entornos interiores significa poca formalidad e incluso, con según qué tipo de gorras, genera la percepción de personas con poca cultura.
- Los sombreros o gorras atribuyen más edad a quien los lleva.
- Los relojes son iconos de distinción. Por mucho que las generaciones más jóvenes tiendan a eliminarlos de su vestimenta, un reloj de un estilo u otro también ofrecerá información sobre la persona que se tiene delante. Pueden ser más elegantes, clásicos, deportivos, digitales... Aquí influirán tanto el tipo de esfera como la marca, la correa...
- Los anillos tienen significado por el tipo de material con que están fabricados, por el color y por el dedo donde se llevan. Los anillos grandes y destacados minimizan la percepción de los dedos. En las intervenciones remotas es mejor utilizar anillos poco voluminosos, minimalistas y con colores poco significativos. Los materiales nobles como el oro y la plata, como son más comunes, pasan más desapercibidos.
- Los anillos en el dedo meñique son señal de personas sensibles. Si se es diestro, el anillo se asocia a personas con carácter, liderazgo y buenas comunicadoras. Los anillos en en el dedo índice de la mano derecha son propios de personas con una alta autoestima. El anillo en el dedo anular, si se lleva en la mano derecha, significa creatividad y meticulosidad; si se lleva en la izquierda, la idea que se potencia es que, además de creativa, es una persona ingeniosa. Un lugar poco común para llevar un anillo es en el dedo del medio. Las personas que lo llevan en la mano izquierda manifiestan que tienen

Cualquier complemento, si es muy grande, muy llamativo o muy brillante, tenderá a llamar la atención por encima de lo deseable.

una alta capacidad para discernir entre lo bueno y lo malo, mientras que llevarlo en la mano derecha significa todo lo contrario. El anillo en el dedo gordo está asociado a personas con una personalidad apasionada y entregada.

- Los brazaletes, collares, broches, pendientes, *piercings*... también generan significados en función del tipo de material del que están hechos, de su tamaño, del lugar donde se llevan, etc. Dado el tipo de combinaciones que se pueden encontrar, las interpretaciones tienden a ser infinitas. Simplemente es necesario remarcar que hay que ser conscientes de la existencia de este tipo de complementos y que, a las personas con las que se interactúa, les darán un tipo de información que puede condicionar la comunicación. Algunos de estos complementos se han convertido en extensiones de quienes los llevan y, por tanto, estas personas no son especialmente conscientes de que los llevan (pendientes, brazaletes...). Incluso, a veces, duermen con ellos. Sin embargo, debemos ser conscientes de su existencia en las comunicaciones *online*. También es necesario ir con cuidado si se decide prescindir de ellos, porque puede quedar la marca, que también informa de su existencia.

- Se ha desarrollado una cierta cultura sobre el significado que tienen los *piercings* situados en diversas partes del cuerpo, aunque cada cultura y cada grupo social desarrolla sus interpretaciones. Generalizando, y con el peligro de no ser extremadamente precisos, en el lóbulo de la oreja marca una personalidad más clásica. En el borde exterior de la oreja, o tener más de un agujero, ofrece una mirada más vanguardista de la vida. Si gustan los aros, significa que se es sociable y se manifiesta la voluntad de una vida social muy activa. Los *piercings* entre los dos orificios de la nariz generan un significado de poder. Un *piercing* sobre una de las aletas de la nariz significa la necesidad de la manifestación emocional de la persona que lo lleva.

- Resulta extremadamente raro el uso de ciertos complementos como bolsos, guantes o mochilas en las intervenciones públicas, especialmente en el interior.

Dado, pues, que la ropa permite proyectar la imagen que se quiere mostrar y teniendo en cuenta que se está en un mundo donde cada vez se tiene menos tiempo para conocer la realidad y se valora más la imagen que lo que se escucha o se lee de los demás, la ropa que se viste en una intervención remota acaba resultando un elemento esencial de la comunicación. Hay que incidir también en el hecho de que los últimos estudios sobre la influencia de la moda demuestran que no es solo una cuestión de género y que se ha universalizado en el mundo occidental. Por este motivo se pueden plantear las siguientes recomendaciones, en formato de decálogo, en relación con los artefactos que se deben vestir en las comunicaciones remotas.

Recomendaciones sobre los artefactos que se deben vestir en las comunicaciones remotas

1 Hay que tener cuidado con lo que se lleva cuando se está delante de una pantalla, porque acaba resultando una parte trascendente de la capacidad comunicativa.

2 Es conveniente intentar vestir de manera similar a como se haría si esta comunicación se produjera de forma presencial. La recomendación sería la misma en cuanto al uso de maquillaje o de perfume. Si se va vestido tal como pide la intervención, el cerebro da más credibilidad al encuentro, y se tiende a actuar en consonancia.

3 La ropa y los complementos deben estar en armonía con los objetivos de la intervención y con las características culturales de la misma (si, por ejemplo, queremos pasar desapercibidos en una intervención, tenderemos a no diferenciarnos explícitamente con la ropa que llevemos).

4 Aunque la pantalla muestre tan solo la parte de arriba del cuerpo, si se tiene que hacer una intervención, es conveniente vestirse por completo como si se tuviera que mostrar todo el cuerpo (incluidos los zapatos).

5 Hay que pensar en el fondo que utilizaremos antes de decidir los artefactos con los que nos vestiremos (si el color de la pared del fondo es del mismo color que la camisa que llevamos, es posible que, perceptivamente, se produzca un efecto extraño).

6 Exceptuando los entornos claramente informales, hay que evitar los chándales, los pijamas y las zapatillas de estar por casa.

7 Hay que ser extremadamente cuidadoso con las imperfecciones de la ropa (agujeros, manchas...), porque se puede generar la percepción de que se es una persona poco atenta y detallista.

8 Hay que utilizar gafas cuando se necesiten, pero no se debe olvidar especialmente que su cristal tiende a reflejar la pantalla de los dispositivos. Este hecho se puede convertir en un delator de si se está siguiendo o no la intervención.

9 Es necesario evitar que los complementos hagan ruido. Aunque sean poco importantes para nosotros, pueden ser molestos para nuestra audiencia (collares, correas de reloj...). Asimismo, algunas cámaras generan efectos, a partir de la conversión digital, como el efecto muaré (por la sucesión de detalles pequeños repetitivos como puntos o rayas en la ropa), que hacen que su visualización por pantalla sea como de ondas en movimiento. Siempre que se pueda, hay que evitar este tipo de estampados.

10 Más allá de aspectos relacionados con la salud, no es recomendable fumar mientras se está en una intervención remota. La percepción que se genera es de poco interés por lo que se está tratando y de poco respeto hacia uno mismo.

En toda intervención, es conveniente vestirse por completo como si se tuviera que mostrar todo el cuerpo (incluidos los zapatos).

TATUAJES

Se trata de las marcas hechas en la piel insertando un pigmento. En el cuerpo humano suelen hacerse por motivos decorativos, mientras que en los animales se realizan para identificarlos. Aunque se puede considerar que nos «visten», no son artefactos porque una de las características de estos últimos es que pueden ser cambiados y modificados, y, en general, los tatuajes son permanentes en nuestro cuerpo. En culturas como la polinesia, la japonesa o la china se han practicado desde tiempos inmemoriales. En la cultura occidental han llegado hace relativamente poco tiempo. Para algunas personas se han convertido en una obsesión. Para otros son una manera de generar una cierta simbología y mensajes con el propio cuerpo. A otros les resulta un elemento de seducción que facilita la consecución de sus objetivos. La parafilia según la cual la excitación sexual se obtiene a través de cicatrices, perforaciones o tatuajes en el cuerpo es la estigmatofilia.

Los tatuajes son elementos que, a través de la pantalla, pueden ser percibidos por la audiencia en una comunicación remota. Por razones obvias, lo más habitual en este tipo de comunicación es mostrar tatuajes en la cara, el cuello, los hombros, las manos y los brazos. En comunicaciones remotas difícilmente se mostrarán los tatuajes de otras partes del cuerpo. Cuando el receptor ve un tatuaje, no siempre hace la misma interpretación, que puede ser diferente en función de varios factores, como la experiencia, la cultura o el gusto, pero resulta evidente que su presencia genera algún tipo de interpretación. Por este motivo en algunas profesiones se pide que las personas no lleven tatuajes o que, al menos, estén restringidos a partes del cuerpo que no sean visibles. Así ocurre con policías, jueces y médicos, entre otros. Estas son algunas **generalizaciones sobre los tatuajes en las comunicaciones en remoto**:

- Si no hay un objetivo concreto, y es evitable, no mostrar ningún tatuaje ofrecerá una mayor percepción de neutralidad de la persona que habla.
- Los tatuajes pequeños o minimalistas están asociados a la discreción y la introversión.
- Los tatuajes grandes o maximalistas se asocian a la necesidad de explicarse socialmente.

- Los tatuajes relato cuentan una historia o situación. No contemplar su totalidad puede generar confusión en relación con su significado.
- Los tatuajes simbólicos se refieren a representaciones iconográficas de conceptos universales como la justicia, la libertad o la esperanza, entre otros. Por lo tanto, cada uno tiene un significado diferente. Estos son los más comunes:
  ▶ Atrapasueños: para ahuyentar los malos espíritus.
  ▶ Ojo de Ra: se trata del sexto sentido, el que ve más allá de lo visible.
  ▶ Mandalas: ciclos vitales que reflejan espiritualidad y meditación.
  ▶ Punto y coma: fuerza para continuar. Alejar la depresión.
  ▶ Flechas: sentido y dirección en la vida. Existencia de un norte.
  ▶ Corazón: vida, amor y amistad.
  ▶ Yin y yang: dos fuerzas antagónicas que se neutralizan. Búsqueda del equilibrio.
  ▶ Girasoles: búsqueda de la felicidad y de la alegría porque siempre se mueven hacia el Sol.
  ▶ Flor de loto: elevación espiritual y pureza.
  ▶ Rosas: amor hacia una persona. Pasión y fuerza.
  ▶ Abejas: conciencia de equilibrio de la naturaleza. Símbolo de la protección de los ecosistemas.
  ▶ Golondrinas: simbolizan la fidelidad, el amor, la familia y el hogar, dado que estos pájaros vuelan siempre al mismo nido para poner sus huevos.

La presencia de tatuajes siempre genera algún tipo de interpretación. No mostrar ninguno ofrecerá una mayor percepción de neutralidad.

- ► Plumas: indican libertad para moverse.
- ► Serpientes o dragones: son los dos animales con más fuerza en la mitología oriental. La serpiente muestra el poder de transformación. El dragón simboliza la salud. Dependiendo de la posición pueden simbolizar la naturaleza cíclica de las cosas o un talismán de eternidad y regeneración.
- ► Pescado Koi: es un símbolo de la persistencia y de la fuerza.
- ► Mariposas: representan la belleza, la metamorfosis, el renacimiento y el cambio.
- ► Círculo zen: representa el universo, la fuerza interior, la iluminación y la elegancia.
- ► Triángulo de Harry Potter: propio de los aficionados a las novelas de la escritora británica J. K. Rowling, significa las reliquias de la muerte.
- ► Fases de la Luna: es la adaptación a la vida y a los cambios.
- ► Clave de sol y clave de fa: muy comunes entre los aficionados a la música.
- ► Libélula: representa la buena suerte, la pureza, la prosperidad, la armonía y la fuerza.
- ► Estrellas: son signo de la verdad, el espíritu, el coraje y la esperanza.
- ► El árbol de la vida: expresa el conocimiento, la protección, la fuerza, el perdón y la vida eterna.
- ► Signos del zodiaco: normalmente cada uno lleva el que le es propio.
- ► Sol: representa la vida, el renacimiento y la fertilidad.
- ► Alas y pájaros: en general, son una representación de la libertad y la esperanza.
- ► Delta incompleta: manifiesta la apertura al cambio.
- ► Ancla: hace referencia al poder, la fuerza y la estabilidad.
- ► Nudo celta: es la representación de lo divino y eterno, ya que no tiene ni un principio ni un final.

También es habitual tatuarse frases en latín o en otros idiomas, o bien con caligrafías clásicas. Las más habituales son las siguientes: «Carpe diem», en referencia a aprovechar el día y vivir el presente; «Aut inveniam viam aut faciam», que significa que encontraré un camino o crearé uno; «Veni, vidi, vici», que significa 'Llegué, vi, vencí'; «Cogito, ergo sum», 'Pienso, luego existo'; «Let it be», etc.

ATENCIÓN, ACTITUD Y ENERGÍA

La atención, la actitud y la energía son tres de los aspectos más señalados por las personas que sitúan la forma en que se interactúa con los demás como uno de los elementos clave para el éxito de esta relación. Se trata de tres conceptos que a menudo se encuentran interrelacionados y que se manifiestan vinculados en una relación de dependencia. La atención es un proceso conductual y cognitivo que permite centrarse de manera selectiva en un aspecto del entorno y rechazar otros. Por lo tanto, es lo que permite estar atentos a una pantalla mientras se rechaza la atención a otros aspectos que hay en el entorno, como el resto del espacio que hay en la sala donde se está hablando o escuchando, las otras personas, los ruidos de la calle... Se trata de un proceso selectivo que procesa una serie de estímulos destacando o priorizando unos por encima de los demás. La comunicación se basa en la captación de la atención del público. De hecho, es el bien más preciado en cualquier relación comunicativa. La atención es, por tanto, un objetivo en sí mismo. La dificultad máxima es la competencia de estímulos que interactúan al mismo tiempo compitiendo entre sí. Este hecho se hace especialmente trascendente cuando se utilizan dispositivos digitales conectados. Más allá del entorno, el dispositivo dispone de estímulos infinitos para rivalizar con lo que se está explicando. Una de las principales dificultades de la interacción en línea es que a la vez que se está escuchando a alguien, normalmente con una imagen que tiende a ser estática, quien escucha puede estar consultando, consumiendo o disfrutando de recursos digitales ilimitados. Fidelizar esta atención es el gran reto.

La atención es el objetivo final de cualquier intervención y tiene una relación directamente proporcional con la energía y la actitud. La actitud y la energía no son un fin en sí mismas, sino un camino para llegar al objetivo de la atención. Se trata, posiblemente, de un camino imprescindible, pero con un propósito claro: el interés de quien escucha. El consultor Frank Luntz explica que en este camino lo más importante no es lo que se dice, sino lo que la gente entiende. Según Luntz, las diez reglas para una comunicación eficaz deben basarse en los siguientes puntos:

1. **Simplicidad.** Cuanto más simple sea la presentación de una idea, mejor se entenderá.

2. **Brevedad.** Lo que se pueda decir en diez palabras no hay que decirlo en doce.

3. **Credibilidad.** Se construye desde el camino personal.

4. **Coherencia.** Todo lo que se dice debe ser congruente con lo que se ha dicho y con lo que se ha hecho.

5. **Novedad.** Lo que es nuevo tiene más atención y despierta más interés en la audiencia.

6. **Sonoridad.** Encadenar palabras que tienen la misma primera letra, el mismo sonido o la misma cadencia silábica facilitará la memorización.

7. **Ambición.** Personalizar y humanizar el lenguaje activa las emociones.

8. **Visualización.** Todo lo que se diga debería conducir a la generación de imágenes que faciliten la memorización.

9. **Pregunta.** La pregunta retórica (aquella que el ponente se hace a sí mismo) suele generar atención en la audiencia.

10. **Contexto.** Los mensajes situados en un marco toman sentido y aumentan su relevancia.

Según el consultor Victor Küppers, la actitud es la manera de ser. Es decir, cómo se comporta uno, cómo habla, cómo piensa y cómo se relaciona con las personas del entorno. La experiencia y las habilidades son aptitudes imprescindibles y suman en cualquier relación, pero la actitud, según Küppers, multiplica, porque la diferencia entre las personas increíbles y las mediocres no es la experiencia ni la habilidad, sino la actitud. Las personas geniales no lo son porque tengan muchos conocimientos o porque hayan vivido muchas situaciones específicas. Todas las personas fantásticas tienen una forma de ser fantástica. Por tanto, no se escoge a nadie simplemente por el currículum, se escoge por su manera de ser. Todas las personas fantásticas tienen una energía especial. Tener energía no significa ir siempre enchufado, hablar deprisa, tener una reserva de fuerzas ilimitada y que parezca que siempre se tiene el motor revolucionado. Tener energía es tener una mirada motivante y positiva de las cosas, es estar más cercano a la solución que a los problemas, es aprender a valorar aquello de lo que se dispone. Por lo tanto, energía y actitud tienen una relación directa. De una buena administración energética surgirá una buena actitud, y este camino es imprescindible para conseguir captar la atención.

La psicóloga Laura Rodríguez explica las principales actitudes que disminuyen la energía y que, por tanto, condicionan directamente la actitud:

1. Vivir anclado en el pasado.

2. Sentirse culpable.

3. No tener asertividad.

4. Tener dificultades para pedir ayuda.

5. Preocuparse demasiado.

6. Vivir instalado en la queja.

7. Proyectar hacia el futuro lo que no gusta.

8. Ver más el lado negativo de las cosas que el positivo.

9. Intentar controlarlo todo.

10. No permitirse desconectar.

La energía que desprenden nuestras relaciones determina nuestra actitud. Las relaciones emocionales contagian el entorno. No todo el mundo es capaz de percibirlas, pero si alguien expresa emociones, estas tienen una influencia en la interrelación que se está produciendo. La emoción se transmite a través del cuerpo y el lenguaje, y observando al otro con esta lógica se puede ser capaz de entender de manera completa lo que alguien está transmitiendo. Si en la relación comunicativa se obvia la transmisión emocional, se está perdiendo una parte importante de lo que se está comunicando. Esta transmisión no solo depende de nosotros, sino también de las otras personas y del lugar donde se produce. Todo el mundo ha vivido situaciones en que personas que tenían una actitud concreta la cambiaban radicalmente cuando entraban en contacto con alguna otra persona o en algún otro lugar específico. Las personas y los espacios condicionan la forma en que se transmiten las emociones, que se contagian, al igual que la energía, con mucha facilidad. Esta energía crea una atmósfera determinada. Es como un campo magnético que podemos denominar actitud. Energía y actitud mantienen una relación estrecha con las emociones como nexo. Por este motivo las personas que transmiten mucha energía suelen motivar y animar a los demás ante los retos. Su energía, que se contagia, modifica la actitud de aquellos con quienes interactúan.

Aquel que es el alma de la fiesta en su casa también tiende a serlo en el trabajo y en otros espacios donde interactúa. Normalmente, los humanos somos bastante lo mismo, con leves modificaciones. Siempre me resultan curiosas, y un poco desconcertantes, las personas que tienen modos de actuación muy diferenciados según los lugares donde se mueven o con quién se relacionan. El concepto *modo*, como el «modo avión» de los dispositivos móviles, es más propio de los aparatos tecnológicos que de las personas. Ahora bien, este tipo de cableado invisible con el que se produce la relación con los demás existe, condiciona y no siempre se es capaz de percibirlo. Este

Todo lo que tiene una imagen, aunque simplemente sea provocada en el cerebro de la audiencia, dura más y se recuerda mejor.

círculo virtuoso se cierra cuando la energía y la actitud que se desprenden o se reciben son captadas por el otro, o sea, cuando reciben la atención de quien escucha. La atención es la culminación del propósito de la energía y la actitud. Cuando se interactúa con alguien, se tiende a recordar más a aquella persona por la forma de ser que por el currículum. Tener una actitud positiva para con uno mismo ya es un objetivo muy destacado, porque está demostrado que genera efectos favorables sobre el cuerpo y la mente. Pero la contaminación sobre los ambientes y las personas del entorno se manifiesta gracias a la atención que se genera. Y ese debería ser el objetivo. No existen recetas mágicas para conseguir la atención del público, pero se pueden citar algunas recomendaciones que facilitan la atención. Tienen que ver con los siguientes aspectos.

Recomendaciones básicas para conseguir la atención del público

➡ Hablar desde los sentimientos. La gente puede olvidar lo que se dice, pero más difícilmente lo que les haces sentir.

➡ Lo que es corto gana a lo que es largo; lo que es simple, a lo que es complejo; lo que es pequeño, a lo que es grande, y lo que es ligero, a lo que es denso.

➡ Generar imágenes. Todo lo que tiene una imagen, aunque simplemente sea provocada en el cerebro de la audiencia, dura más y se recuerda mejor.

➡ Generar historias. Ofrecer mensajes reales. Sería bueno que el contenido partiese de la realidad del ponente o se basase en una historia que fuera identificable. La curiosidad de la audiencia genera atención.

➡ La simpatía genera más proximidad que la antipatía. Trabajar el sentido del humor, la empatía, la escucha activa provocará más proximidad con los que escuchan.

➡ La coherencia entre la comunicación no verbal y el mensaje que se ofrece es un atractivo natural. El cuerpo tiende a explicar claramente lo que se está diciendo y de qué se está hablando.

➡ No dar la misma importancia a aquello que es trascendente que a lo superfluo. Saber diferenciar dará claves de priorización a los receptores. El discurso público debe generar esta diferencia.

- La originalidad es más atractiva. Lo que es nuevo, lo que es único, interesa más.

- Hacer pensar, inspirar, ambicionar y llamar a la acción, generará autenticidad e interpelará a la audiencia, que agradece mensajes que no pasan superficialmente.

- Mejor lo positivo que lo negativo. En un mundo donde la negatividad es constante, queremos escuchar más soluciones que problemas.

- La pasión es un enamorador natural. Cuando se habla con pasión las personas que escuchan tienden a estar más atentas.

- Un hilo conductor, un inicio y un final resultan elementos imprescindibles para lograr cercanía con aquellos que escuchan.

- En contra de lo que puede parecer, el silencio es un captador natural de la atención. Se trata de un bien preciado en un mundo donde el ruido se ha hecho el dueño.

- Cambiar constantemente. En una sociedad con tantas herramientas y mensajes comunicativos, la variedad resulta atractiva y capta más la atención.

La simpatía genera más proximidad que la antipatía. Trabajar el sentido del humor, la empatía o la escucha activa provocará más proximidad con los que escuchan.

LA IMPORTANCIA DE LOS DETALLES

Me gusta afirmar que la eficacia comunicativa se logra con la suma de detalles. Nada de lo que se dice en las diversas listas y decálogos de este libro es trascendental por sí solo. Lo es en función del resto de aspectos significativos. O sea, un detalle solo difícilmente conseguirá lo que nos proponemos, pero la suma de detalles nos llevará hacia un camino más o menos exitoso. Si se suman detalles en una dirección concreta, el resultado tendrá que ver con este sumatorio. Un detalle es una parte, un fragmento, un hecho o una circunstancia que contribuye a formar un todo mayor o a completar algo, aunque en sí mismo no siempre sea indispensable para alcanzar este todo. Está relacionado, pues, con un complemento, con un hecho que matiza o infiere un atributo concreto.

La importancia de los detalles ha sido motivo de muchas afirmaciones a lo largo de la historia. El artista del Renacimiento Leonardo da Vinci afirmaba que el detalle es lo que constituye la perfección. El filósofo alemán Arthur Schopenhauer proponía estar muy atentos a los detalles porque en estos, y cuando se está desprevenido, es donde una persona pone de manifiesto su carácter. Incluso el empresario de Apple Steve Jobs se propuso hacer que las pequeñas cosas fueran las más inolvidables. Estas teorías ofrecen la idea de que un detalle es algo pequeño pero no por ello poco importante. De hecho, una vez definido el camino por el que se quiere transitar, la diferencia en la forma como se anda la marca el detalle. El detalle es a la comunicación lo que la calidad es al producto o la pista al detective. El detective Sherlock Holmes deducía las circunstancias de los crímenes gracias a los pequeños detalles.

Cuando alguien hace un regalo, lo importante no es solo lo que hay dentro del paquete que lo contiene. A veces resulta igual de importante quién da el regalo, cómo está envuelto, las circunstancias generadas para entregarlo, el factor sorpresa, el tiempo dedicado a conseguirlo... El regalo acaba siendo todo. Y el efecto que produce tiene que ver con esta totalidad. En esta lógica, cualquiera de los aspectos sobre los que se ha incidido durante este libro puede acabar constituyéndose como un detalle importante para hacer más efectiva la comunicación remota y *online*. Pero ninguno de los elementos explicados es tan importante por sí solo. Decía el filósofo estadounidense Elbert Hubbard que lo mejor de la vida es no tomársela demasiado en serio, porque la única evidencia que tenemos es que no saldremos de ella con vida. Por lo tanto, es mejor no obsesionarse con el todo y dar más importancia a la parte. De hecho, de la suma de las partes resulta el todo. Cualquier detalle acompañado de otro detalle, y de otro, y otro... acabará facilitando que todo funcione mejor, en términos comunicativos. Este podría ser un buen decálogo sobre los diez detalles imprescindibles para mejorar nuestra comunicación remota y *online*.

Detalles imprescindibles para mejorar la capacidad comunicativa delante de una cámara

❶ Antes de comenzar una intervención pública es conveniente dedicar unos minutos a practicar alguna técnica de respiración que permita ordenarla para que tome sentido; esto también hará que uno se sienta mejor.

❷ Es recomendable mirarse un rato en el espejo y sonreír. No es un mal consejo, tampoco, reírse de un mismo. Es el camino más corto hacia la paz interior.

❸ Ejercitar los músculos de la boca y calentar la voz deberían ser un requisito previo. Nuestro instrumento, la voz, tiene que estar a punto a la hora de actuar.

❹ Con alguna técnica de autoayuda se debería hacer lo posible para no dar más importancia de la que tiene a lo que pasará a continuación. De hecho, el nivel de trascendencia de las cosas lo configura la importancia que les damos.

❺ En el inicio de la intervención es conveniente presentarnos, decir quién somos y el motivo que nos lleva a hablar sobre lo que hablaremos.

❻ Tampoco debemos olvidar explicitar el tema sobre el que hablaremos. A menudo, lo tenemos tan interiorizado que nos olvidamos, incluso, de escribirlo en la portada de la presentación.

❼ Antes de la sesión sería recomendable hacer una prueba de cómo quedará, a efectos formales, la intervención (fondo, ángulo y plano de cámara, ropa...). Puede ser tan fácil como hacerse un selfi con el teléfono móvil y observar todos los detalles que se perciben.

❽ Para cada intervención podría ser interesante pensar en un detalle que gustaría que fuera introducido. Puede ser un artefacto, un ejemplo, un objeto... Todo ello conferirá una personalidad específica a la interacción desarrollada.

El cuidado por el detalle puede marcar las diferencias entre las cosas. En comunicación, el detalle es el elemento diferencial entre el fracaso y el éxito, entre que las cosas no tengan sentido o sean especiales. La no comunicación no existe. Todo comunica y el detalle es tremendamente comunicativo. Cuidar de ello hará que todo parezca más natural, más ordenado y que acabe destacando.

Introducir un detalle en la intervención, como un objeto o un ejemplo, conferirá una personalidad específica a la comunicación.

– 156 –

9

LOS FORMATOS MÁS HABITUALES DE LA COMUNICACIÓN EN REMOTO

(RECOMENDACIONES PARA: REUNIONES, CLASES, CONFERENCIAS O *WEBINARS*, Y DEBATES)

Desde la crisis de la COVID-19, el volumen de comunicaciones *online* y remotas se ha incrementado exponencialmente. Ante las restricciones de movilidad y distanciamiento social, muchos de los eventos y actos que se debían desarrollar en formato presencial acabaron haciéndose *online*. Casi de la noche a la mañana, se transformaron en formato remoto y se aprendió a hacer, a distancia, todo tipo de intervenciones que hasta entonces difícilmente se habrían desarrollado en este formato. Se trata de una de las transformaciones más radicales y rápidas que ha experimentado la comunicación a distancia desde su nacimiento. *Webinars*, ruedas de prensa, presentaciones, clases, conferencias, debates y reuniones pasaron a hacerse, sin ninguna dificultad ni extrañeza, en *streaming*, hasta el punto de que, a estas alturas, están asumidas por sus usuarios con toda normalidad. Desde la crisis, resulta habitual preguntar si el evento es presencial o virtual. En el libro se ofrecen varias pistas, recomendaciones y recursos para poder ganar efectividad en las comunicaciones remotas. En este apartado se pretende sintetizar, en formato decálogo, una serie de recomendaciones a tener en cuenta antes de organizar o de preparar algunos de los eventos más habituales en el día a día virtual. Las recomendaciones son generales y no se pretende focalizar sobre ningún tipo de encuentro específico con unos objetivos concretos.

La idea de presentar los contenidos en forma de decálogo no tiene ninguna otra intención que acotarlos a un método y, por tanto, priorizarlos. Resulta evidente que no existen solo diez aspectos a tener en cuenta en cada uno de estos actos o encuentros. Se puede observar también que algunas de las recomendaciones son repetitivas, por mucho que se han priorizado aquellos aspectos específicos para cada uno de los eventos y, especialmente, para lo que tiene que ver con aspectos más formales que de fondo. El siguiente apartado, pues, ofrece recomendaciones para algunos de estos formatos que habría que tener en cuenta antes de organizarlos o de prepararlos: reuniones, clases, conferencias (*webinars*) y debates *online* y remotos.

10 RECOMENDACIONES A TENER EN CUENTA ANTES DE ORGANIZAR UNA REUNIÓN REMOTA

1 **Menos es más.** Las reuniones *online*, cuanto más cortas, mejor. Es conveniente programar reuniones que duren poco. Si se tiene en cuenta que presencialmente duraban entre sesenta y noventa minutos, en formato remoto difícilmente tendrán una duración superior a los treinta o cuarenta y cinco minutos.

2 **Decidir previamente los recursos tecnológicos que se utilizarán.** Más allá de la plataforma de comunicación empleada, que muchas veces viene marcada por la misma organización que realiza la reunión, se debe tener claro, para preverlo, si durante el encuentro se deberá compartir algún otro tipo de recurso que los participantes deban descargar o bien si se les pedirá que se conecten a algún lugar especial. También es importante que se decida y se comunique, en su caso, si se grabará o no la reunión. Desde el punto de vista técnico, puede ser recomendable hacer alguna prueba antes del encuentro para tener la certeza de que todo —también los temas de conectividad— funciona como está previsto.

3 **Marcar el orden del día, que lo conozcan todos antes de empezar y que sea dinámico.** Habrá que pactarlo y hacerlo público con suficiente anticipación. Resulta especialmente recomendable indicar cuánto durará la reunión e, incluso, el tiempo estimado para las diversas partes que pueda tener. Es importante que durante el encuentro participe cuanta más gente mejor. Esto aportará mucho

Es importante marcar el orden del día de la reunión, que lo conozcan todos antes de empezar y que sea dinámico.

más dinamismo a la reunión. Por ello, evitar los monólogos largos será uno de los principales consejos. Del mismo modo, durante la reunión, se pueden programar intervenciones de los participantes o el uso de recursos que tengan como principal finalidad la dinamización del encuentro o la generación de espacios de proximidad entre los participantes. El hecho de que la mayoría de las personas interactúen desde sus hogares debería facilitar poder expresarse más allá del ámbito profesional.

④ **Anticipar el consumo de material *online*, vídeos, lecturas...** Siempre que sea posible, es recomendable que todo el material *online* que se necesite para el encuentro esté en formato *offline* e, incluso, que haya sido descargado previamente en los dispositivos de los participantes.

⑤ **Definir las «normas» de la reunión.** Se trata de aspectos formales que deberán cumplir todos los participantes y que generan dinámicas concretas. Por ejemplo, si hay que tener la cámara o el micrófono activados durante todo el tiempo, si se utilizará el chat de la plataforma tecnológica, si se usará un fondo digital o real, si se usarán teléfonos móviles, si habrá turno de palabra, etc.

⑥ **Conocer a todos los participantes antes del encuentro.** Resulta altamente recomendable tener una idea clara de quiénes son los participantes en la reunión antes de que comience. Esto facilitará que todo el mundo se pueda dirigir personalmente e, incluso, saludarse uno a uno al inicio.

⑦ Antes de empezar, apagar o minimizar todas las aplicaciones y recursos que no se utilizarán. No solo se evitará que se vea algo que no interese, sino que, a la vez, cuando se vaya de un recurso a otro, todo se hará de forma más ordenada y rápida. También resulta recomendable que no se esté pendiente de otras cosas mientras se está haciendo la reunión (por ejemplo, utilizar el teléfono móvil). Asimismo, es aconsejable ordenar el escritorio del dispositivo que se utilizará. Sin quererlo, e incluso sin ser consciente de ello, se puede terminar ofreciendo información sobre cómo es quien habla y cómo se organiza. Es importante valorar también si la imagen del fondo de pantalla es la mejor para el encuentro y si puede ser vista por todos sin que genere ninguna interferencia.

⑧ Prever todas las condiciones formales que se utilizarán. Como se ha dicho a lo largo de este libro, es importante que, de acuerdo con las «normas» explicitadas para la reunión, se tengan presentes, antes del inicio del encuentro, todos los aspectos formales que condicionarán la comunicación: fondo utilizado, planos y ángulos de la cámara, dispositivo que se usará, ropa y artefactos que se llevarán, iluminación, etc.

> **Antes de empezar una reunión remota, hay que apagar o minimizar todas las aplicaciones y recursos que no se utilizarán.**

Ⓒ **Llegar el primero y puntual.** ¿Verdad que, si uno es el anfitrión de una reunión presencial, queda mal que llegue tarde? Pues en una reunión remota el efecto es el mismo.

Ⓘ **Plantear siempre un plan B.** Tanto desde el punto de vista técnico (por si fallan las conexiones o las plataformas) como desde el punto de vista personal (si por cualquier motivo hay que ausentarse del encuentro), estaría bien que, de una manera natural y conocida, alguien tomara el relevo de la reunión en el caso de que el organizador no pudiera seguir participando.

Ⓘ **Pensar en los objetivos que se quieren conseguir.** Tal y como explica el economista y profesor de la Universidad Pompeu Fabra Oriol Amat en su libro *Aprender a enseñar,* en cualquier acción de formación se deben fijar objetivos concretos y medibles con anticipación. Se recomienda que se hagan explícitos por escrito, tanto para el profesor como para los alumnos, y que tengan relación con el resto de objetivos de la asignatura. De hecho, sería una recomendación para cualquier clase, sea presencial o virtual. En todo caso, tener muy claro lo que se quiere conseguir en la sesión ayudará a encaminar mejor todo lo que se haga. Las metas de aprendizaje pueden estar definidas con ritmos de aprendizaje diferenciados y, por tanto, pueden necesitar etapas y objetivos. También puede ayudar a ello el hecho de desarrollar indicadores que permitan valorar el grado de consecución de los objetivos.

Ⓘ **Definir la estructura y las dinámicas de la sesión.** Las clases virtuales deben estar necesariamente bien estructuradas y han de disponer de varias dinámicas. Si en un entorno presencial ya es difícil seguir el monólogo de un profesor durante mucho tiempo, en un entorno virtual la dificultad se incrementa. El orden y la estructura de la sesión tienen un papel más relevante que nunca. Una clase virtual de dos horas sería conveniente que tuviera tres o cuatro dinámicas diferenciadas que le ofrecieran dinamismo y energía. Es importante también que la estructura y, por tanto, las dinámicas sean comunicadas a los participantes en cuanto se inicie la sesión.

③ Resolver los aspectos técnicos y los requisitos tecnológicos. Antes de empezar hay que dejar preparadas todas las pruebas, descargas o comprobaciones técnicas necesarias. Si es necesario que los alumnos visiten algún sitio web específico o se descarguen algún programa, es mejor que lo hagan antes de la sesión para que todos estén en las mismas condiciones tecnológicas cuando comience la clase. Siempre hay que evitar opciones técnicas demasiado avanzadas, muy nuevas o complejas, porque no todo el mundo tendrá acceso a ellas y este hecho generará no solo diferencias de nivel entre los estudiantes, sino también desmotivación entre los que no alcancen los requisitos técnicos solicitados.

④ Buscar los recursos más adecuados. La red ofrece una gran cantidad de recursos que, de manera gratuita y sin necesidad de descargas adicionales, pueden ayudar a hacer más fácil el aprendizaje. En muchos casos el uso de estos recursos exige no solo un conocimiento detallado de este medio, sino también una preparación previa del espacio o la dinámica digital que se utilizará. El uso de recursos es imprescindible en las clases remotas.

⑤ Planificar el tiempo. Hacer una correcta gestión del tiempo ayuda a saber diferenciar las diferentes cargas formativas en función de la estructura y de los aprendizajes que se quieren introducir. Se trata posiblemente de uno de los aspectos más complicados de la planificación de una clase porque el proceso no es uniforme para todos y varía en función de aspectos como las circunstancias en que se adquiere este aprendizaje, la motivación o los conocimientos previos.

En la organización de una clase remota, hay que introducir espacios de descanso y de interacción entre los estudiantes.

En las clases presenciales se generan más pistas para conocer cómo se está desarrollando el proceso, y la planificación suele ser más sencilla. Es necesario tener flexibilidad para aplicar cambios sobre la marcha en la planificación prevista.

⑥ **Definir los espacios de** *feedback.* Resulta imprescindible programar espacios explícitos durante la clase para poder compartir si se están alcanzando los objetivos de aprendizaje planificados. Es posible que estos espacios necesiten el uso de algunos recursos que habrá que preparar previamente. Puede resultar aconsejable introducirlos dentro de la estructura de la sesión. Se pueden utilizar otros canales y recursos para preguntar o responder dudas, como chats en línea, programas de preguntas o respuestas, encuestas, etc.

⑦ **Introducir espacios de descanso y de interacción entre los estudiantes más allá del tema que se está tratando en el aula.** La captación del interés de los alumnos es mucho más difícil en una clase virtual que en una presencial. Todos los expertos aconsejan fraccionar las sesiones en partes más pequeñas e introducir dinámicas de interacción que permitan generar una ruptura de la lógica de la sesión. Para conseguirlo puede ayudar hacer algún juego o hablar de algo que no tenga que ver con el tema que se está tratando en algún momento de la sesión.

⑧ **No saturar con información y recursos.** De hecho, se trata de una recomendación que no habría que aplicar solo a las clases *online* o remotas, pero que, sin embargo, tiende a hacerse más extensiva. Ante la imposibilidad de tener un contacto presencial, se genera una tendencia a compensar lo que se considera una deficiencia con la introducción de un volumen inalcanzable de material didáctico. Es bueno para quienes manifiesten necesitarlo, pero puede resultar contraproducente para aquellos que lo reciben sin haberlo solicitado.

⑨ **Utilizar técnicas de aprendizaje mixtas.** El uso de técnicas como el *flipped learning* (aula invertida en que los estudiantes deben asumir una serie de conocimientos previamente a la sesión), el *mobile learning* (combinar enseñanza con dinámicas y contenidos que llegan mediante el dispositivo móvil) o el *microlearning* (aprender mediante piezas de contenidos muy breves), entre otras, facilitará que las sesiones consigan mejorar sus objetivos. Hay una serie de técnicas que recomendamos conocer. Normalmente, necesitan que profesor y alumnos desarrollen trabajos en paralelo, antes o después de las sesiones remotas. Del mismo modo, puede ser interesante anticipar los materiales en vídeo o recursos que se vayan a utilizar en la clase para evitar tanto las dificultades técnicas que se puedan producir como, por ejemplo, perder un tiempo que puede ser destinado al aprendizaje.

⑩ **Prever tanto las «normas» que se aplicarán en la clase como los aspectos formales a tener presentes.** Hay que ser extremadamente claro, en el inicio o antes de la sesión, sobre los aspectos normativos de la clase que se llevará a cabo. Es importante definir si todos deben tener la cámara y el micrófono abiertos, qué tipo de dispositivos se pueden utilizar, en qué momentos pueden intervenir los alumnos, etc. Estas decisiones las debe tomar el profesor con anterioridad a la sesión y, normalmente, no se someten a discusión. También, antes del inicio de la clase, hay que decidir una serie de aspectos formales, como el tipo de fondo, los planos de cámara, los artefactos y la ropa o la iluminación que utilizará el profesor durante la sesión. La tendencia general es recomendar el uso de la misma ropa y artefactos que se utilizarían si la clase fuera presencial (incluso el maquillaje y el perfume), y no descartar el uso de planos que permitan dar la clase de pie en algún momento o durante toda la sesión.

10 RECOMENDACIONES A TENER EN CUENTA ANTES DE ORGANIZAR UNA CONFERENCIA (*WEBINAR*) REMOTA

① **Preparar, estructurar y organizar con mucho cuidado y detalle todos los aspectos de la conferencia.** Aunque pueda parecer una obviedad, una conferencia remota debe prepararse más que una conferencia presencial, porque, normalmente, intervienen más aspectos (por ejemplo, temas técnicos) que en una intervención cara a cara. Por lo general, en un *webinar* uno se encuentra solo ante todos y se ha de estar atento a muchos aspectos que van más allá del contenido y que, habitualmente, no serían objeto directo de la atención de quien habla. En la preparación es necesario pensar en la aportación de valor que se hará. Cabe preguntarse, y sobre todo responderse, qué es lo que debe motivar a la audiencia a asistir a la conferencia. Este aspecto será, posiblemente, la clave del éxito.

2 **Conocer y detallar quién es la audiencia.** Se habla para alguien y se ha de saber quién es ese alguien para adaptarse a sus estilos relacionales y a sus intereses. Es imprescindible disponer de un buen conocimiento de quién será quien escuchará/participará en el *webinar*. Esta acción debería ocupar un tiempo importante de la preparación. Asimismo, debemos conocer las condiciones técnicas (dispositivos) en las que se producirá la intervención. Es trascendente saber si la recepción se hará, por ejemplo, desde un teléfono móvil o desde un ordenador de sobremesa, porque no solo permiten interacciones diferentes, sino que la situación ya presupondrá un consumo condicionado por el lugar donde se esté recibiendo.

3 **Personalizar los contenidos.** Uno de los elementos que no se debe minimizar es la personalización del contenido de la conferencia. Aunque se utilice material que ya se ha empleado en otras intervenciones, resulta extraño observar fechas, títulos, logotipos o informaciones que no parezcan preparados, de manera específica, para el *webinar* en cuestión. Puede resultar interesante pensar en elementos de conexión con la audiencia, como preguntas específicas o ejemplos que puedan ser más cercanos para que se perciba que lo que se está explicando está dirigido y pensado para ellos.

4 *Ejemplificar y preparar anécdotas e historias.* Se debe dedicar un tiempo razonable de la preparación total de la conferencia a desarrollar los ejemplos que se utilizarán y las historias y anécdotas que acompañarán a los conceptos expuestos. Una conferencia es, básicamente, la suma de unas ideas (pocas) con el apoyo de ejemplos que permiten visualizarlas. Cada parte de la estructura debería tener su ejemplo. Es muy difícil improvisarlos. Hay que pensarlos y explicarlos correctamente. Y esto exige preparación. Siempre se agradecen los ejemplos más actuales posibles. Si son muy antiguos, es mejor no fecharlos y dejar la temporalidad en genérico.

5 Si hay que compartir una presentación durante la sesión, que sea simple y clara. Ante las posibles dificultades técnicas que pueden ofrecer algunas plataformas para compartir archivos, se recomienda que las presentaciones sean elementales y simples. La sobriedad y la claridad serán buenas compañeras de viaje. Es mejor trabajar con pocos colores, diseños fáciles y tipografías convencionales y de tamaños grandes. Debemos tener presente que, en muchos casos, las personas que utilicen estos contenidos lo harán en dispositivos móviles, es decir, con pantallas de un tamaño reducido que, a la vez, deberán compartir la imagen de quien habla; en estas condiciones todo acabará siendo muy pequeño y el matiz no se apreciará.

6 Usar dinámicas y recursos. Son imprescindibles para que la conferencia fluya y no se haga pesada. Se deben planificar y tiene que haber bastantes. No es necesario que sean de gran complejidad. Una breve encuesta, una pregunta que todos los participantes deben contestar en diez palabras o la construcción de un decálogo pueden ayudar a dinamizar una sesión y especialmente a romper la monotonía. De todas maneras, hay que pensar que la conferencia puede ser grabada y, por tanto, cualquier dinámica debe tener sentido si no se sigue en directo.

7 Considerar el uso de un moderador o dinamizador. Contar con otra persona que juegue este rol ayudará, al menos, a alejar la idea de que se trata de una conferencia «casera» porque todo sale de uno mismo. Alguien que presente al conferenciante, que pueda formular alguna pregunta, que modere un posible debate o las cuestiones finales favorecerá el dinamismo y puede acabar cubriendo cualquier eventualidad, técnica o personal, que se produzca. Asimismo, puede ser alguien que modere un chat paralelo a la intervención, cree un *hashtag* o recoja correos electrónicos para aquellos que quieran recibir más información. Una conferencia en la red debería contar siempre con dos personas: conferenciante y moderador. Este hecho también permitirá limitar el tiempo del conjunto global de la conferencia porque quien hace de moderador puede marcar el final con más neutralidad.

En una conferencia remota resulta interesante considerar el uso de un moderador o dinamizador.

◉ **Valorar las condiciones de** *feedback* **antes, durante y después de la intervención y cómo se interactuará con la audiencia.** El *feedback* puede servir tanto para disponer de información sobre los conocimientos previos de la audiencia, lo cual permitirá adaptar y contextualizar el mensaje, como para saber qué es lo que entienden mientras se está llevando a cabo la intervención o, incluso, valorarla cuando ya se haya terminado. Normalmente este *feedback* acabará facilitando información esencial. Pero hay que preparar cómo se recoge, y esto difícilmente se podrá improvisar. Asimismo, se debe pensar en cómo se facilitará que el público pueda intervenir en ella de manera dinámica, evitando así las opiniones, preguntas o reflexiones largas y extensas. El protagonista de un *webinar* es el ponente y no es recomendable que el público haga intervenciones magistrales paralelas. Si no se planifica cómo se debe hacer, la gestión de esta circunstancia puede ser difícil o desagradable. Debemos pensar asimismo que la conferencia puede ser grabada y que, por tanto, cualquier dinámica de *feedback* debe tener sentido si no se sigue en directo.

⑨ Desarrollar una estrategia digital, de redes sociales y de *marketing* del *webinar*. A menudo se trata de un aspecto que desarrollan los organizadores de la conferencia pero que puede requerir la ayuda o la colaboración del conferenciante. Hay que pensar en si es necesario generar algún tipo específico de comunicación y crear un *hashtag* para la intervención, poner a disposición la documentación en alguna plataforma para que se pueda descargar, organizar un chat específico que posicione alguno de los temas propuestos, generar un vídeo de promoción, etc. Sea como fuere, cualquiera de estos aspectos requiere preparación y estrategia. No se pueden improvisar. Esta estrategia digital puede servir para presentarse antes de la sesión y evitar descripciones suntuosas de los ponentes, que no suelen aproximarlos a la audiencia. Tampoco resulta muy recomendable que el ponente de la conferencia haga una promoción desmedida de esta, porque va en contra de la humildad comunicativa, que es uno de los activos recomendables en comunicación. En general, debemos tener muy en cuenta que, en comunicación, funciona más la humildad que la soberbia.

⑩ Ensayar. Cuando esté todo preparado, resultará conveniente ensayar, tanto para asegurar los aspectos técnicos y de conectividad como para conocer las sensaciones y condiciones que ofrece la plataforma tecnológica utilizada y la situación formal creada en torno a la intervención. Ensayar siempre es recomendable antes de cualquier intervención remota.

10 RECOMENDACIONES A TENER EN CUENTA ANTES DE ORGANIZAR UN DEBATE REMOTO

① Tener claro lo que se quiere decir y lo que no se quiere decir. Sea un debate presencial o un debate *online*, el eje sobre el cual debe girar y la forma de prepararlo son los mismos: se basan en tener claros los temas que interesa posicionar y los que no. Después habrá que ver cuáles de estos son fortalezas o debilidades nuestras o de nuestros adversarios, porque esto condicionará la manera en que se han de introducir o contrarrestar. Pero es clave, para cualquier debate, tener explicitados —se recomienda hacerlo por escrito— los argumentos que interesan y los que no. Aunque sea una evidencia, hay que tener siempre presente que un debate tiene como objetivo prioritario convencer o acercar el posicionamiento de las personas que escuchan, y no de los oponentes o adversarios, que, por lo general, tienen totalmente definida su posición sobre el tema tratado. Esto remarca la idea de que en los debates se habla más para la audiencia que para los adversarios.

2. **Definir las «normas» que lo regularán.** Se trata de aspectos formales que deberán cumplir todos los participantes y que generan dinámicas concretas. No se pueden improvisar y se deben conocer antes de empezar. Elementos como tener o no la cámara o el micrófono abiertos durante todo el tiempo, la utilización o no del chat de la plataforma tecnológica, el uso del turno de palabra, la participación o no de la audiencia y la manera como lo podrá hacer acaban siendo centrales en la planificación y la ejecución del debate.

3. **Ejemplificar cada uno los temas tratados.** De cada uno de los contenidos que se necesita posicionar, y también de los que se quieren evitar, resulta interesante tener un ejemplo que permita generar imágenes clarificadoras en el momento en que se introduzcan. Los ejemplos se pueden visualizar también en formato de preguntas o de anécdotas. Un debate tiene un alto componente emocional y debe tener como objetivo básico conectar con el sistema límbico de la audiencia, que es el que gestiona con más eficacia los ejemplos, y hacerlo de la manera más visual posible.

4. **Reducir los argumentos y las intervenciones en frases resumen.** Al contrario de lo que podría parecer, disponer de la palabra durante más tiempo no significa ganar el debate. En los debates *online* hay que ser contundente y rápido en los argumentarios porque estos aspectos trabajan a favor de la percepción de claridad y dirección sobre lo que se está diciendo. Este hecho obliga a escribir frases resumen (titulares) de cada uno de los temas que se quieren tratar y de las réplicas que se necesitará utilizar. Se debe intentar que estas frases sean cortas, claras y contundentes.

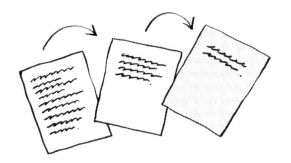

Para preparar un debate remoto se recomienda reducir los argumentos y las intervenciones en frases resumen.

⑤ **No olvidar que, aunque no se tenga el uso de la palabra, la cámara sigue abierta.** A diferencia de los debates en otros canales, con las plataformas de comunicación remotas, normalmente, se puede ver a todas las personas que participan en el debate durante todo el tiempo y simultáneamente. Esto puede ocasionar que cualquier gesto, por pequeño que sea, expresión o movimiento tengan una interpretación por parte de la audiencia en función de lo que está pasando en esos momentos. Por ejemplo, una situación tan aparentemente normal como beber agua puede llegar a ser interpretada de una forma u otra según el momento del debate en el que se produce. Hay que actuar teniendo en cuenta que no hay momentos de descanso.

⑥ **Entrenarse en el uso de los silencios.** Desde el taoísmo se ha difundido la idea de que aquellos que más saben no hablan mucho. Traducido a la lógica de un debate sería que aquellos que más saben no son los que más hablan. En el debate se debe evitar el egocentrismo de monopolizar la conversación. Aquí es donde el silencio acaba teniendo un poder efectivo. En una discusión acalorada, estar en silencio permite reservar las fuerzas para otros momentos. El control de la situación lo lleva más aquel que está en silencio que aquel que habla de forma acalorada y que, normalmente, generará la percepción de descontrol. Tener este dominio, sin embargo, requiere entrenamiento.

⑦ **Aprender a escuchar.** Si se tienen dos orejas y una boca será porque se debe escuchar el doble y hablar la mitad. Escuchar no solo permite saber con más exactitud qué es lo que nuestro interlocutor está diciendo; también permite aparecer como más educados, ganar tiempo, estructurar mejor el discurso, repasar mentalmente los argumentos que contrarrestarán lo que se está diciendo... Se han podido ver muchas veces debates en los que los participantes no escuchan lo que otro les dice y, por tanto, suenan más falsos y menos creíbles. A menudo se oye más que se escucha. Se oye con los oídos y se escucha también con los ojos y la mente.

⑧ **Definir claramente las condiciones formales que se verán en la conexión.** Dado que, como se ha dicho, en las plataformas de comunicación remotas normalmente se puede ver a todas las personas que participan en el debate durante todo el tiempo y de manera simultánea, los aspectos formales que se definan tomarán relevancia. Esto significa tener claro, antes del debate, cuál es el fondo que se quiere utilizar, el tipo de plano y el ángulo de la cámara que se cree que son mejores, la ropa y los artefactos que se quieren mostrar, la iluminación y el sonido de que se dispondrá, etc.

⑨ **Preparar detalles visuales.** La comunicación es la suma de detalles orientados en la dirección que interesa. El debate es un género que los facilita. Puede resultar interesante presentar algún objeto o alguna imagen en un momento concreto que ayude a visualizar la idea de la que se está hablando. No debería verse forzado ni extravagante. Debe ir acompañado de un relato, una historia o una actitud. Pero hay que estudiarlo y prepararlo bien porque puede acabar convirtiéndose en la imagen resumen de la participación en el debate.

⑩ **No olvidar que el activo más importante siempre es uno mismo.** Es posible que en un debate uno tenga que enfrentarse a citas sacadas de contexto, frases deliberadamente mal interpretadas, caricaturas extremas y ridículas y datos manipulados o incluso inventados. Sea como fuere, lo más importante es que uno no deje de ser uno mismo y que nunca actúe ni sobreactúe. Por ejemplo, cuando a alguien le acusan de no tener capacidad ni control para hacer algo específico y, para responder a esta acusación, pierde los papeles, aunque diga lo contrario, está validando la opinión de su interlocutor. Por lo tanto, lo más importante es resultar auténtico y no despistarse sobre lo que define a cada uno, porque eso es lo que resultará más real. Todo el mundo tiene unos activos comunicativos que lo hacen único ante el mundo. La autenticidad, que es uno de los elementos que la opinión pública más aprecia en un debate, se basa en no perder de vista nunca lo que uno es, su esencia.

10

EXPRESAR EMOCIONES EN LA COMUNICACIÓN MEDIATIZADA POR LA DIGITALIZACIÓN

Durante miles de años las relaciones entre las personas se han desarrollado cara a cara. Hasta la llegada de los sistemas postales y telegráficos generalizados, los humanos, cuando queríamos comunicar algo a alguien, lo que hacíamos era desplazarnos hasta el lugar donde estaba la otra persona y se lo comunicábamos personalmente. La comunicación mediante documentos escritos enviados de un punto a otro, con una intermediación, se remonta prácticamente a la invención de la escritura. En el antiguo Egipto, los faraones utilizaban mensajes para difundir sus decretos. Pero la creación de la Unión Postal Universal, como el primer gran organismo internacional con voluntad de mejorar y coordinar los servicios postales de los diferentes países, es de 1874. El primer telégrafo es de principios del siglo XIX y, por tanto, la capacidad comunicativa a distancia no tiene más de dos siglos de historia. El cerebro humano, en lo relativo a la capacidad relacional, se ha ido configurando con base en el encuentro presencial. No olvidemos que el cerebro es un músculo y que, por tanto, no solo se ejercita, sino que también, como otras partes del cuerpo, se modifica socialmente (genéticamente) en función de las necesidades colectivas de quienes lo utilizan. Se podría decir que los seres humanos estamos más preparados genéticamente para desarrollar con éxito la interacción presencial que la digital.

La llegada de la comunicación a distancia y de la revolución digital, que permite la comunicación instantánea y en cualquier lenguaje (escrito, hablado o visual) en tiempo real, es muy reciente, en términos históricos, y, por tanto, el cerebro no está todavía suficientemente «diseñado» y adaptado a estas funcionalidades. Se trata de una máquina que tiene más precisión y adaptación para el encuentro presencial que para el digital. El nivel de matices que es capaz de comprender en la relación física se ve disminuido cuando se mediatiza el momento mediante dispositivos digitales. Por ello cualquier hecho producido en una interrelación digital puede ser considerado menos rico comunicativamente y, por tanto, cualquier situación filtrada a través de la tecnología puede acabar teniendo una interpretación que no sea la que originalmente quería darle el emisor.

Esto contrasta con el hecho de que, dado que la mayoría de las interacciones se producen fuera del entorno físico profesional, por ejemplo en el hogar, debería resultar más fácil abrirse, comunicativamente, a otros temas de relación más allá de los profesionales. El entorno también marca y condiciona aquello de lo que se habla. Nuestros hogares son espacios de comunicación más poliédricos que nuestros entornos profesionales. Por eso, si uno es capaz de generar las condiciones comunicativas ideales, la comunicación remota puede convertirse en una oportunidad para expresar sentimientos.

Según el consultor y escritor Ferran Ramon-Cortés, en los entornos virtuales se produce un doble efecto que resulta central a efectos comunicativos: en primer lugar, el cerebro no encuentra todas las pistas que está acostumbrado a hallar en los entornos físicos, ni en términos no verbales, ni tampoco en paralenguaje; en segundo lugar, el subconsciente, ante la ausencia de pistas comunicativas, hace todo lo posible para encontrarlas, y este sobreesfuerzo le genera más cansancio que en la comunicación cara a cara. Estos dos aspectos resultan centrales en términos comunicativos, porque generan dificultades en un aspecto que suele trabajar en una capa menos explícita en cualquier relación: las emociones. La comunicación de emociones en las intervenciones remotas y *online* se ve dificultada porque los sentimientos trabajan en el matiz y los detalles, los cuales pierden fuerza en la comunicación digital.

A esta realidad hay que añadir algunas consideraciones propias de nuestra estructura cerebral. Nuestro cerebro está diseñado bajo los denominados sesgos de confirmación y de negatividad. En el primer sesgo, el cerebro manifiesta una capacidad de captación y de atención mayor sobre lo que le interesa captar más, y menor sobre aquello que no le interesa tanto.

Al ser humano le resulta más fácil percibir aquello con lo que comulga y lo que quiere oír, y le es más difícil captar aquello en lo que no cree y que no quiere oír. El segundo sesgo, el de la negatividad, pone de manifiesto que lo que es positivo y lo que es negativo no influyen igual en la interacción social. Cuando se dice algo negativo, esto impacta mucho más duramente en el estado de ánimo que cuando se dice algo positivo. La relación está establecida en una variable de uno a cinco. O sea, cada cosa negativa pesa lo mismo que cinco positivas. Este hecho es especialmente significativo en momentos como la crisis de la pandemia, en la que los medios de comunicación alimentan la negatividad con noticias sobre el virus y sus efectos. Ferran Ramon-Cortés recomienda que para vivir estas épocas se aplique una cierta dieta de medios y se consuman solo los justos y necesarios, a la vez que es recomendable hacer una correcta selección de los medios de comunicación a utilizar. Algunos estudios desarrollados en países anglosajones empiezan a demostrar que para tener un conocimiento correcto de la realidad no es estrictamente necesario el consumo de medios de comunicación convencionales, y que otras fuentes de información (redes sociales, contacto directo entre personas...) pueden suministrar información fidedigna a la opinión pública que permite hacer una lectura de lo que está pasando muy cercana a la realidad.

Ante esta doble evidencia (tenemos un cerebro más preparado para la interacción cara a cara que para la interacción digital y más diseñado con unos sesgos específicos de confirmación y de negatividad), en la interacción digital se genera un marco de relaciones más impreciso y más difuso en el que es fácil que aumenten los errores interpretativos sobre la realidad que se vive. A la vez, es probable que se incrementen las falsas confirmaciones de hechos que no están siendo validados explícitamente, pero que se tiende a validar ante la ausencia de información o de la poca claridad de esta.

En esta lógica, uno de los elementos que resultan más perjudicados son las reacciones emocionales, es decir, las respuestas químicas del cuerpo ante estímulos concretos que se manifiestan de manera psicofisiológica. Por lo tanto, las reacciones emocionales no siempre aparecen suficientemente explícitas y claras ni son interpretadas por todos de la misma manera. Se suele explicar que tenemos seis emociones básicas: felicidad, miedo, tristeza, enojo, sorpresa y disgusto. Entre estas emociones hay un nivel de relación

En las intervenciones remotas u *online* es más difícil expresar emociones que hacerlo en las relaciones cara a cara.

que generalmente puede variar en términos de intensidad. Por ejemplo, se puede estar alegre y manifestar sorpresa o tener miedo y estar enfadado a la vez con intensidades diferentes. Además, no todo el mundo, ni en todas las situaciones, ni en todas las culturas, ni en todas las experiencias, manifiesta las emociones de la misma manera. A esta dificultad hay que añadir que, según un grupo de investigadores de la Universidad de California, en Estados Unidos, se pueden llegar a diferenciar hasta veintisiete tipos de emociones. Por tanto, de seis pasamos a veintisiete, que son las siguientes (incorporando las seis anteriores): aburrimiento, admiración, adoración, alegría, amor, ansia, ansiedad, apreciación estética, sorpresa, calma, confusión, deseo carnal, disgusto, diversión, dolor empático, enojo, envidia, éxtasis, horror, interés, miedo, nostalgia, satisfacción, simpatía, tristeza, triunfo y vergüenza. Si a todo esto se le añade la idea de que la mediatización digital puede diluir o difuminar la claridad interpretativa que se hace de las emociones de los demás, se puede terminar afirmando que expresar emociones en las intervenciones remotas u *online* es más difícil que hacerlo en las relaciones cara a cara.

La expresión emocional también tiene un sesgo generacional. Parecería que las generaciones más jóvenes, dado que están más acostumbradas al uso de los dispositivos digitales, tendrían también más facilidad para expresar estas emociones mediante estos dispositivos. Sin embargo, varios estudios sobre cómo actúa la generación digital validan la idea de que esta expresión emocional digitalizada manifestada por los más jóvenes se muestra, normalmente, de manera más primaria y simple que los mismos sentimientos expresados por generaciones más adultas. La emoción, expresada mediante dispositivos digitales, pierde matiz y detalle, y las emociones sin matiz ni detalle pierden una parte destacada de lo que les da sentido. Entre las **principales dificultades de expresión emocional en las intervenciones remotas y *online*** cabe destacar las siguientes:

- La tecnología, en general, todavía no ha alcanzado el nivel de calidez y facilidad que tiene la comunicación cara a cara.

- En el proceso digital de interrelación se pierden pistas comunicativas por varios motivos: problemas técnicos, falta de visiones completas de las personas con las que interactuamos (por ejemplo, se puede hacer un gesto con la mano, que no se ve en la pantalla, compensado por una sonrisa), dificultades expresivas ante una cámara, etc.

- Falta de claridad. Ni siempre se expresa todo lo que se quiere decir, ni todo el mundo lo expresa de la misma manera, ni se hace la misma interpretación. A menudo, el lenguaje del cuerpo expresa las emociones de una manera más nítida que los otros lenguajes utilizados, y a través de una pantalla siempre es más difícil mostrar las reacciones del cuerpo.

- La comunicación digital dificulta la creación de marcos relacionales entre las personas.

- No a todo el mundo le resulta igual de fácil expresar según qué cosas delante de una cámara. Además, a través de la pantalla se potencia el principio de la voluntad de no hablar de un tema con la idea de que, si no se habla, parecerá que el tema no exista.

- En las relaciones digitales todo es más rápido y hay menos tiempo para comunicar. Las reuniones y los encuentros digitales suelen durar menos. Las emociones, como son ricas en matices y detalles, necesitan tiempo.

- La comunicación digital facilita la generación de proclamas vacías (por ejemplo, «Todos juntos saldremos de esta»), que, en general, no quieren decir gran cosa o sitúan las cosas en función de un marco temporal y poco estable que se puede ver modificado fácilmente.

- Explicar las cosas desde ópticas diferentes, con diferentes estilos relacionales y adaptados a la forma de ser de cada persona que escucha, resulta más simple en la interacción cara a cara.

- El volumen de errores interpretativos que las condiciones técnicas pueden sugerir es más alto.

- El *feedback* tiende a ser menos matizado. Una afirmación contundente hecha con una sonrisa puede ser tenida en cuenta de una manera diferente si llega directamente o mediante una pantalla.

- Aspectos clave de la transmisión emocional como la asertividad o la empatía trabajan con registros de detalle que son más difíciles de comprender en los entornos virtuales.

El uso de la tecnología tiende a disminuir la eficacia en la expresión de las relaciones emocionales porque ni se está tan acostumbrado a utilizarla, ni las situaciones creadas parecen tan auténticas como las que se pueden generar a través de las relaciones personales. Ante estas dificultades se pueden proponer, como decálogo, varias **recomendaciones para expresar emociones en las comunicaciones remotas**.

Decálogo de las principales recomendaciones para expresar emociones en las comunicaciones *online*

❶ **Aumentar la conciencia sobre la necesidad de explicitar señales conscientes de las expresiones emocionales.** Siempre que sea posible, hay que procurar duplicar, con más de un lenguaje, las expresiones emocionales (gestual, verbal...). O sea, ser conscientes, por ejemplo, de que si se está haciendo una expresión con la cara, seguramente, habrá que expresarla también verbalmente.

❷ **Desarrollar pactos explícitos sobre el formato y las partes que tendrá la intervención.** Si se hace de esta manera, es más fácil conseguir consensos participativos, la audiencia tenderá a sentir que forma parte de la comunicación y se aproximará a ella. En estas circunstancias la emoción fluirá con más facilidad.

❸ **Buscar la participación explícita de las personas que participan en las interacciones digitales facilitará la expresividad emocional.** Los recursos de interacción ayudarán a generar sesiones más dinámicas y emocionalmente más ricas. El hecho de que en muchas ocasiones estas interacciones se produzcan desde el hogar y de que digitalmente haya más vías para interactuar debería facilitar esta proximidad.

---

❹ Generar momentos explícitos de *feedback* y retroalimentación durante las intervenciones. Buscar recursos de interacción que faciliten este *feedback* de la manera más lúdica posible.

❺ Durante los encuentros *online*, potenciar que haya espacios para hablar de temas que no tengan que ver directamente con el trabajo o que sean colaterales. Si es posible, hacerlo explícito en algún momento del encuentro será muy positivo. Asimismo, puede resultar provechoso formalizar tiempos muertos para hablar de otras cosas que no estén relacionadas con el motivo de la reunión. El hecho de que en muchas ocasiones estas interacciones se produzcan desde el hogar debería facilitar esta proximidad.

❻ Impulsar trabajos colaborativos más allá del momento de la intervención. El trabajo entre equipos reducidos genera espacios de menos formalidad y facilita que resalten las personalidades de quienes participan.

❼ Promover la participación de todos. Si se percibe que hay personas que no tienen una participación tan destacada, sería conveniente buscar espacios (quizás trabajo en equipos más pequeños o *feedback* escrito) que faciliten la comunicación. Además, este hecho será bien valorado por el resto de participantes.

❽ El uso de un lenguaje claro e inclusivo (*nosotros* en lugar de *yo*, por ejemplo) aumentará la idea de que aquello de lo que se está hablando es de todos.

❾ La escucha activa es una de las habilidades de comunicación interpersonal que mejor ejemplifican la capacidad para generar espacios de confianza emocional. Saber escuchar, y hacerlo de manera activa, ayudará a potenciar la idea de que nuestro espacio es propicio a la comunicación emocional. La generación de confianza tiene mucho que ver con la escucha activa.

❿ Extremar las capacidades de ser amables y estar atentos a las necesidades explícitas e implícitas de los demás. Siempre es más fácil abrirse emocionalmente a alguien que es amable.

La emoción es importante en términos comunicativos porque aporta velocidad y autenticidad a cualquier relación. Está regida por el sistema límbico del cerebro, que es el responsable del 90% de las decisiones que se toman a diario. Es más rápida que la racionalidad cuando se compra cualquier producto o servicio o en la interrelación entre personas. Además, hay que tener presente que todos los humanos tenemos una marca personal que nos identifica y nos hace únicos, y que las emociones son los atributos que la hacen única. Por lo tanto, la autenticidad es el consejo más sólido que se puede dar para transmitir emociones por vías remotas u *online*. El entorno un poco artificioso o incluso frío de una interacción *online* no debería suponer un cambio trascendental del yo que se expresa en esta herramienta. Lo más auténtico que existe somos nosotros mismos. La hipocresía social no solo puede terminar siendo descubierta, sino que también hará más difícil que cada persona se exprese desde la emoción. O se es un gran actor, o de una manera u otra se acabará notando que lo que uno está expresando no acaba de ser del todo real y, por tanto, irá en contra de la sinceridad y la credibilidad o, lo que es lo mismo, en contra de la eficacia de la relación.

11

CONSEJOS PARA MEJORAR LA COMUNICACIÓN EN REMOTO

El consultor en innovación y estrategia Xavier Marcet explica que la regla que dice que el talento atrae talento y la mediocridad atrae mediocridad falla pocas veces. Gestionar talento es discriminar por qué no todo el mundo es igual, ni tampoco da igual quien haga las cosas. Por lo tanto, son las personas las que hacen diferentes las situaciones y es el talento lo que genera la diferencia. La tecnología contribuye a la interacción —o la dificulta, o la facilita—, pero el factor diferencial siempre es la persona. Sea porque esta tiene el talento especial para hacerlo, o sea porque ha aprendido a hacerlo en unas condiciones concretas, el resultado es diferente.

En general, existe un consenso amplio sobre el hecho de que el mundo tiene ahora más complejidad que hace unos años. Necesariamente, esto no supone que sea más complicado, pero sí más complejo. Esta complejidad va en aumento y necesita varias actitudes y habilidades para poder ser gestionada: brevedad, pausa y silencio —ya se ha explicado que el tiempo y la velocidad son factores clave que explican la complejidad del mundo en el que vivimos—, capacidad estratégica, autenticidad, agilidad, habilidad para delegar y confiar, automotivación, tener un toque de riesgo, necesidad de aprendizaje constante, esfuerzo, habilidad para desarrollar una escucha activa, etc. Sin aspectos como los mencionados es difícil desarrollar cualquier interacción de éxito y, especialmente, talentosa.

Las actitudes condicionan la manera en que se transita por la vida, la cual está condicionada por factores que van desde la genética hasta las creencias, pasando por los entornos en los que uno se mueve y las historias personales de cada uno. Lo que pasa durante la vida condiciona la manera como uno se la toma. Por ello crisis como la vivida con la llegada de la COVID-19 subordinan y supeditan muchas actitudes, así como lo hace la irrupción de cualquier tecnología. A menudo, de manera mucho menos lenta de lo que sería razonable, hay que aprender a moverse por tableros de juego inimaginables poco antes. Las crisis y las tecnologías comparten una serie de aspectos: llegan de golpe, no son siempre esperadas y no resulta fácil el proceso de adaptación a las circunstancias que generan. Se navega en ellas probando soluciones que acerquen al confort emocional mínimo que se necesita para sobrevivir. Se buscan pistas y modelos de relación que permitan esta supervivencia. No se trata de fórmulas mágicas. A menudo se buscan claves y detalles que permiten trabajar las competencias racionales o emocionales en las nuevas situaciones que se presentan ante nosotros. El método del acierto/error es el formato más utilizado. Para avanzar con más rapidez, y en este caso con más eficacia, se presentan una serie de recomendaciones para poder moverse en algunos de los nuevos escenarios que se generan, como tener que hablar con mascarilla o manteniendo la distancia social, o bien grabar un vídeo o un *podcast* para colgarlo en la red.

HABLAR CON MASCARILLA

La mascarilla se ha convertido en una compañera de viaje inseparable en las relaciones sociales. Se usa para proteger y protegerse de los posibles contagios que pueden ocasionar las gotas respiratorias que se emiten cuando se habla y que pueden ir acompañadas de virus. No son habituales en la comunicación remota, siempre que se esté solo o en espacios muy amplios y ventilados. Ahora bien, nuestra sociedad se ha acostumbrado a participar en reuniones, seminarios o clases, presenciales o virtuales, donde hay personas que hablan con mascarilla, y este hecho dificulta la eficacia comunicativa para los receptores. El uso de la mascarilla parece no alterar demasiado la audibilidad de la voz, pero sí dificulta, en una serie de aspectos, la comprensibilidad general, la comunicación no verbal y el paralenguaje (timbre, tono, proyección, volumen...). También se pueden producir una serie de consecuencias que lleven hacia alteraciones orgánicas o funcionales, como la disfonía (pérdida del timbre normal de la voz) o la afonía (pérdida total de la voz), que hay que evitar. A efectos comunicativos, estas son las principales dificultades que ocasiona el uso de mascarillas:

- Se pierde buena parte de la información que llega por la lectura labial (por ejemplo, cuando no se conoce del todo un idioma, las personas que miran los labios de quien habla entienden más que las que solo escuchan lo que se dice).
- Se hace más dificultosa la capacidad de impostar y proyectar la voz.
- La articulación es menos clara.
- Se ve modificado el timbre de la voz.
- Mientras se lleva mascarilla hay una tendencia general a elevar más el volumen de la voz porque se cree que el público nos oirá menos. Este hecho genera más cansancio.
- La voz tiende a salir distorsionada y, por tanto, se puede complicar la comprensibilidad.
- Se genera un sobreesfuerzo vocal que afecta a la carga muscular de la laringe y la cara.
- El aire llega con más dificultad a los pulmones y en una mala o deficiente respiración se encuentran muchos de los problemas que afectan a la comunicación.

Ante todas estas dificultades es necesario tener en cuenta una serie de recomendaciones para hablar con mascarilla:

➡ Calentar las cuerdas vocales haciendo una serie de ejercicios antes de comenzar la sesión. De hecho, esta es una recomendación que se debería tener en cuenta siempre antes de hacer cualquier intervención pública. Ahora, sin embargo, con el uso de la mascarilla toma más trascendencia porque se necesita que las cuerdas vocales trabajen mejor.

➡ Evitar gritar porque genera un sobreesfuerzo vocal que perjudica las cuerdas vocales y los músculos de la cara.

➡ Intentar relajar la cara y el cuello.

- Hidratarse constantemente. Cuando se debe hacer una intervención pública hay que beber mucha agua durante el día. Esto facilita las reacciones químicas del cuerpo que son habituales cuando se habla en público y que hay que compensar, como son, por ejemplo, la menor segregación de saliva o la tensión muscular.

- Hablar un poco más despacio y con más articulación. Este hecho también facilitará una mayor vocalización, que siempre trabaja en favor de la claridad.

- No toser ni carraspear para intentar aclarar la voz. Cuando se nota que el cuello cuece, pica o no se percibe del todo limpio, lo mejor es buscar formas para hidratar las cuerdas vocales (agua, caramelos...).

- Exagerar más los movimientos de los músculos que participan en el habla porque así se incrementarán las señales informativas hacia la audiencia. Lo mismo es aplicable al resto de señales no verbales.

- Es positivo modificar el paralenguaje y hacerlo lo más variado posible. De hecho, es conveniente hacerlo siempre, pero con la mascarilla esto toma más sentido por la pérdida de señales comunicativas.

- En intervenciones largas, es recomendable programar períodos de descanso para quien habla (pausas, uso de recursos audiovisuales, dinámicas de grupo, *feedback* explícito de los que escuchan...).

- En ciertas circunstancias puede ser recomendable el uso de altavoces y micrófonos, que permiten no tener que gritar tanto. Como la comprensibilidad es uno de los aspectos más afectados cuando se debe hablar con mascarilla, estos recursos técnicos permitirán, sin grandes esfuerzos, vencer gran parte de esta problemática.

COMUNICAR MANTENIENDO LA DISTANCIA DE SEGURIDAD

2m

Durante la crisis de la COVID-19 se ha desatado un debate público sobre cuál era la distancia óptima necesaria para poder hablar con otra persona sin que se produjeran contagios. Se hablaba de una distancia de seguridad de entre uno y dos metros. Esto ha ocasionado una serie de disfunciones comunicativas que van desde las restricciones en los saludos hasta la limitación de la interrelación social. Debido a estas restricciones, se han modificado las liturgias comunicativas de nuestro día a día y las nuevas rutinas de comunicación creadas se han fundamentado en la distancia social de seguridad. Esta modificación también afecta, aunque en menor medida, a la comunicación en remoto, en donde también se han desarrollado nuevos rituales comunicativos específicos. Las nuevas condiciones de relación social han hecho que la comunicación entre las personas se vea alterada y, como en todo cambio social, pueda afectar a las relaciones sociales futuras. Con el fin de minimizar las limitaciones producidas y conseguir una comunicación tan efectiva como sea posible se proponen las siguientes recomendaciones:

➡ Ante la imposibilidad de saludar físicamente hay que buscar maneras explícitas de manifestar la satisfacción de reencontrar a las personas con las que se produce la relación (genuflexión, tocarse los puños o el hombro, reverencia...). Es necesario que sean adecuadas al entorno social o cultural donde se producen.

➡ Si uno se ve en la incapacidad de hacer ningún gesto para saludar a la otra persona, o considera que no debe hacerlo, una solución puede ser expresar de viva voz la alegría por el reencuentro.

➡ Despedir las conexiones en remoto con un saludo explícito (por ejemplo, levantando la mano) más intenso que el que se desarrolla en la interacción física puede generar proximidad. No es aconsejable, sin embargo, ejercer una sobreactuación comunicativa (por ejemplo, levantar las dos manos).

➡ No perder la conciencia de la necesidad de mantener la distancia física cuando se está interrelacionando físicamente con los demás supondrá una muestra de respeto que será bien valorada.

➡ Intensificar o desdoblar los signos físicos de las expresiones emocionales que se manifiestan de forma verbal (por ejemplo, si se expresa verbalmente que algo ha gustado, sería recomendable sonreír mientras se está haciendo la afirmación).

➡ Usar de manera consciente la sonrisa como recurso de aproximación emocional. Posiblemente, utilizar con más frecuencia esta herramienta rápida de empatía facilitaría la interacción social.

➡ Evitar el contacto físico en la interacción relacional, siempre que no sea una voluntad manifestada explícitamente.

- Si en el proceso comunicativo, por cualquier motivo, se rompe esta distancia y se genera incomodidad, es mejor expresarlo explícitamente que seguir la conversación con esta dificultad.

- Si el mantenimiento de la distancia física impide o dificulta notoriamente la proximidad emocional de la situación, es positivo encontrar otros sistemas de comunicación, acordados por todas las partes, que permitan romper este distanciamiento (sistemas de mensajería, telefonía móvil, etc.).

GRABAR UN VÍDEO PARA COLGARLO EN LA RED

El volumen de material audiovisual que se comparte en la red se multiplica exponencialmente cada día. Según los datos que publica YouTube, cada minuto se distribuyen cuatrocientas horas de vídeo en la plataforma y cada año se duplica el número de horas durante las cuales los humanos consumimos material audiovisual. Esto hace que, actualmente, el 80% de los contenidos *online* en internet sean en formato vídeo o audio. Por lo tanto, se puede afirmar que la red es básicamente audiovisual, y que la capacidad y habilidad comunicativa de los humanos pasa por la transmisión de material en audio o vídeo a través de la red. Estos datos contrastan con la manifestación explícita que se puede observar en muchas personas de nuestro entorno, especialmente en las de unas generaciones específicas, de un cierto rechazo a aparecer en vídeos o fotografías. Con la irrupción de los audios en las plataformas de mensajería parece que la transmisión del sonido no genera tanto problema.

En la actualidad, cuando por primera vez en toda la historia de la humanidad prácticamente todos los humanos llevamos una cámara encima, para muchas personas aparecer en una foto o en un vídeo es todavía un problema. No es menos cierto que este hecho es generacional, porque los denominados nativos digitales utilizan la imagen y el vídeo de manera franca en todas sus comunicaciones. Para ellos es el lenguaje de referencia y no dudan en enviarse y compartir todo tipo de archivos basados en la imagen. La generación digital tiene la red como el referente para comunicarse, y la comunicación es imagen. Sea como fuere, su irrupción en el mercado de la comunicación no hace extraño que todos, en un momento u otro, nos veamos en la necesidad de grabar un vídeo y subirlo a la red. Ante esta realidad se presentan algunas normas a tener presentes antes de grabar un vídeo para ser consumido en internet:

➡ Lo primero que hay que generar es la estructura global. Se deben definir todas las partes en las que se subdividirá y tener claro qué es lo que hay que decir en cada una de ellas. Seguramente, no siempre es necesario escribir un guion con todas sus peculiaridades, pero la definición del esqueleto de las escenas, si no se trata de un vídeo de una escena única, es lo que hará que este se sostenga solo.

➡ Antes de empezar la grabación hay que pensar cómo se debe producir. Es beneficioso listar todos los requisitos técnicos y los materiales que se necesitarán. La preparación antes de empezar a grabar marcará una diferencia en el resultado final del vídeo.

➡ Uno de los elementos indispensables a tener en cuenta es la iluminación. Sea natural o artificial, es recomendable hacer pruebas antes de la grabación y ver cómo trabajan aspectos como las sombras, los contrastes, los contraluces...

➡ Pensar en hacerlo lo más corto posible. La capacidad de atención en la red se pierde más allá de los cuarenta segundos.

➡ Definir el formato (horizontal o vertical). Normalmente se decide en función del dispositivo o la red en la que será consumido. Poco a poco el formato horizontal se está imponiendo al vertical.

➡ Definir las condiciones formales: fondo, encuadre, iluminación, sonido, ubicación...

➡ Buscar los formatos de grabación más usados y universales posibles para que nadie tenga problemas para consumirlo.

➡ Limpiar la lente antes de comenzar la grabación.

➡ No es especialmente recomendable utilizar el *zoom* digital de los dispositivos móviles porque la imagen pierde calidad.

➡ Si se graba con el móvil o la tableta, hay que recordar poner el dispositivo en modo avión antes de comenzar la grabación.

➡ Se debe evitar que la cámara tiemble o vibre. Siempre que se pueda es recomendable apoyarla en algún lugar. Si no se dispone de trípode, se puede apoyar en una mesa, una pared, una persona... La diferencia entre un vídeo profesional y uno *amateur* tiene mucho que ver con la estabilidad de la imagen.

➡ Etiquetar el vídeo y titularlo lo más claramente posible facilitará su búsqueda en internet.

➡ Darle al sonido una cierta importancia, ya que es muy posible que necesite una edición específica una vez hecha la grabación.

➡ Tras la grabación puede resultar interesante volcar el contenido sobre un programa de edición. No hace falta que sea de gran complejidad, pero permitirá desarrollar una serie de detalles que mejorarán la percepción del resultado, como, por ejemplo, quitar ruidos de fondo, introducir créditos, retocar algunas imágenes, añadir algún efecto especial, etc.

EMPEZAR Y DESARROLLAR UNA REUNIÓN REMOTA

Mientras que con el paso de los años los humanos hemos desarrollado unas ciertas habilidades sociales y culturales para iniciar cualquier interacción física, no estamos tan educados para hacer lo mismo en la interacción digital. Cuando dos personas se encuentran y se saludan, normalmente, generan unos rituales sociales de interacción que preparan el terreno para entrar en los temas y motivos del encuentro. El saludo es un gesto de la vida cotidiana que manifiesta respeto y consideración hacia las personas con las que nos relacionamos. Depende de la cultura y de la situación y, por tanto, no es universal.

Más allá del saludo, la interacción puede comenzar con una pregunta sobre el estado de salud personal, de la familia, de interés por el trabajo o por algún suceso desarrollado en el pasado. Se trata de unas palabras, que se pueden considerar prolegómenos, que se han asumido socialmente como parte de la lógica de interacción entre personas. En general, resulta extraño, y poco empático, que después del saludo inicial, sin ninguna previa más, se empiece el encuentro con el abordaje de los temas objeto de la reunión. No es menos cierto que muchas de estas previas a menudo están cargadas de vacío y no aportan más que un sentido ritual previo. Pero los humanos interactuamos con unos códigos que trabajan en función de la diversidad de las personas que los utilizan, la cultura y la tradición donde son aplicados, la experiencia de las organizaciones o sociedades que los desarrollan, etc.

En el ámbito digital, estas liturgias no tienen ni la tradición cultural ni la experiencia histórica de las que se desarrollan en los encuentros físicos. Para muchos, los encuentros digitales desarrollados en los últimos tiempos han sido las primeras experiencias virtuales de interacción profesional y personal de sus vidas. Como consecuencia de ello suele resultar menos fácil iniciar una reunión remota que una física. Durante las interacciones digitales se generan algunas disfunciones que se pueden minimizar considerando las siguientes recomendaciones:

➡ Las preguntas iniciales de interacción social siempre son menos litúrgicas y, a menudo, se espera que haya una respuesta explícita y seguramente más rápida. Los prolegómenos en el ámbito virtual son más rápidos. Las reuniones, cuanto más cortas, más efectivas.

➡ Dado que en muchas de las reuniones se considera que se está en un entorno forzado por las circunstancias y que no es natural, hay que escuchar con más atención y aprender a leer el texto y el subtexto de lo que se dice (leer entre líneas).

➡ Esto obliga también a expresar más explícitamente las emociones e, incluso, a duplicarlas en lenguajes diferentes (verbal y no verbal, por ejemplo).

➡ Hay que ser conscientes de que la mediatización tecnológica hace más difícil el seguimiento de las intervenciones, porque desaparecen las pistas explícitas que se ofrecen en la comunicación presencial.

➡ Las características técnicas de las conexiones remotas pueden dificultar el hecho de escuchar a más de una persona a la vez. Es recomendable hablar con brevedad y hacerlo en orden. La técnica hace mucho más difícil entender lo que dicen varias personas hablando a la vez.

➡ Algunas personas tienen una tendencia natural a gritar cuando están en una comunicación remota (también ocurre cuando hablan por teléfono). Es necesario utilizar un volumen adecuado. Normalmente, si los demás no nos oyen, tenderán a subir el volumen de su ordenador y así solucionarán el problema.

HACER OTRAS COSAS MIENTRAS SE ESTÁ EN UNA REUNIÓN REMOTA SIN QUE SE NOTE

La multitarea es una capacidad que tenemos los humanos para desarrollar más de una tarea a la vez. Desde hace muchos años, y desde diversos ámbitos, entre ellos la psicología, se han desarrollado experimentos para conocer cuáles eran las consecuencias de hacer más de una tarea a la vez, y si este hecho tenía consecuencias sobre el resto de actividades que se desarrollaban. En todos los cursos de gestión del tiempo se sitúa la habilidad para hacer dos cosas a la vez como una de las destrezas que se han de adquirir si se quiere aprovechar mejor el tiempo. Hacer dos cosas a la vez se ha convertido en algo habitual en nuestro día a día. Así pues, se conduce y se escucha la radio, se mira la televisión y se navega por internet o se estudia y se escucha música. De hecho, la generación digital ha hecho de la multitarea una de sus señas de identidad. Para el segmento más joven y digitalizado de la sociedad tener toda la atención sobre un solo estímulo es una pérdida de tiempo. Y por mucho que casi todos los estudios psicológicos sobre la multitarea avanzan que, en general, se produce una desaceleración de las respuestas de los estímulos secundarios y terciarios, cada vez resulta más difícil dedicar todo el tiempo y atención a una sola cosa. Este hecho se pone de especial manifiesto en las comunicaciones *online* y remotas.

Resulta habitual ver personas que mientras participan en una reunión, conferencia o clase están haciendo alguna otra tarea. Esto se produce de manera más o menos desinhibida, a menudo porque no se es consciente de que todo el mundo nos puede estar observando, pero normalmente no genera una buena percepción, igual que no resulta agradable que mientras se habla con alguien esa persona esté consultando su teléfono móvil. Resulta evidente que los humanos tenemos la capacidad de escuchar y leer los mensajes de texto de los dispositivos a la vez, pero la situación genera distancia emocional. Por este motivo se presentan a continuación una serie de recomendaciones para asistir a una intervención remota con la posibilidad de estar haciendo otras cosas sin que sea muy evidente y sin que genere, por tanto, un distanciamiento con el resto de personas que participan:

➡ En general, no es recomendable que se haga evidente que se está utilizando el teléfono móvil o contestando correos electrónicos mientras se está asistiendo a la reunión, clase o conferencia. Si se debe hacer alguna otra actividad, es mejor pensar en tareas como, por ejemplo, escribir (mejor a mano) o leer textos cortos y en columnas (y hacerlo lentamente).

➡ La manera más simple de que no se vea que no se está siguiendo, exclusivamente, la intervención es apagar la cámara y el micrófono. Pero esto no siempre es posible porque, a menudo, las normas de la sesión piden que los dispositivos de audio y vídeo estén abiertos todo el tiempo.

➡ Si se apaga la cámara, no se debe olvidar cerrar el micrófono; así, por ejemplo, no se oirá cómo se teclea en el ordenador.

➡ Si por cualquier motivo hay que ausentarse durante un rato de la intervención, es mejor hacerlo apagando el micrófono y la cámara.

➡ No se debe olvidar que las gafas son el espía más evidente de la pantalla del dispositivo con el que estamos trabajando. A menudo, la pantalla se refleja en los cristales de las gafas y, aunque no se vea claramente, puede intuirse que no se trata de la misma imagen que se está proyectando.

➡ El movimiento de la pupila de los ojos facilita detectar si la persona, que supuestamente mira la intervención, está siguiendo la imagen fija que se ofrece o una imagen en movimiento (por ejemplo, si está mirando un vídeo).

➡ Los ordenadores con las cámaras en la parte inferior de la pantalla dificultan que se pueda teclear sin que el resto del público lo vea. Los que tienen la cámara en la parte superior de la pantalla, en cambio, lo facilitan (con el micrófono apagado).

➡ Los ordenadores con cámara en la parte superior de la pantalla permiten situar un teléfono móvil apoyado sobre la base del teclado, lo cual facilitará consultarlo sin que resulte muy evidente.

➡ Si se ha de consultar cualquier documento o dispositivo, es mejor hacerlo en la dirección entre los ojos y la pantalla, y no en los laterales. Si se deja suficiente espacio entre la persona que habla o escucha y el dispositivo con el que se hace la conexión, no solo se conseguirá un plano más natural, sino que también se podrá desarrollar alguna otra tarea de manera paralela.

GRABAR PODCASTS

La llegada de los asistentes virtuales, los sistemas de voz ubicados en la nube, los altavoces inteligentes y, especialmente, la crisis de la COVID-19 han revitalizado el sistema de *podcast*. Los *podcasts* son publicaciones digitales, normalmente en audio, aunque también los hay en vídeo, que se pueden descargar de internet para ser consumidos en otros dispositivos que tengan *softwares* que los lean. La gran ventaja es que, una vez colgados en el servidor, pueden descargarse en los dispositivos móviles que más convenga para utilizarlos en el momento que se considere y mientras se hace otra actividad. No requieren más que un sistema de grabación digital básico y son utilizados para difundir todo tipo de contenidos: programas de radio, tutoriales, noticias, series de entrevistas, clases... Se trata de un recurso interesante para compactar y difundir un contenido específico. Como cada día en la red se dispone de un volumen de *podcasts* más destacado, vale la pena tener presentes las siguientes recomendaciones para cuando se quiera producir uno:

➡ Como cualquier pieza audiovisual, hay que empezar con un guion o una escaleta que planifique el contenido y la forma en que será tratado.

➡ En la planificación del archivo hay que contemplar la posibilidad de que participe más de una persona porque este hecho activa la atención de la audiencia.

➡ En el caso de tratarse de una serie de más de un *podcast* sería aconsejable que no todos tuvieran la misma estructura y no resultaran del todo repetitivos. El efecto sorpresa genera atención. La repetición de la estructura desanima el seguimiento.

- El hilo conductor será el eje que soporte el contenido del *podcast*. Es importante pensar en ello y definirlo. Sobre este hilo se debe construir toda la narración.

- Cuando se escriba el guion hay que pensar en hacerlo en un lenguaje específico para ser dicho. Esto significa que el tipo de estructura y de recursos utilizados serán más cercanos al lenguaje hablado que al escrito (las frases serán cortas, no habrá prácticamente frases relativas o explicativas, no abundarán los giros literarios, etc.).

- La gestión del tiempo es especialmente significativa en los *podcasts*. No pueden tener una duración muy larga. Si se dispone de un contenido muy extenso es preferible fraccionarlo en varias partes y hacer más de un archivo.

- Dado que el audio juega un rol muy destacado, se recomienda invertir en un sistema de microfonía profesional o semiprofesional.

- Cuando acabe la grabación será necesario volcarla en un sistema de edición de audio. Un *podcast* se percibe profesional cuando tiene algún tipo de edición.

- Al tratarse, habitualmente, de un archivo de audio hay que ser especialmente cuidadoso en las descripciones. Como en un programa de radio, el narrador representa los ojos de la audiencia.

- Más allá de las plataformas corporativas de las diferentes organizaciones o empresas que tienen su apartado de *podcasts*, existen espacios dedicados a la descarga de este tipo de archivos. Elegir uno u otro puede facilitar el acceso a más o menos público.

- Hay que realizar las grabaciones en lugares silenciosos y tranquilos. Antes de empezar la grabación, es necesario desactivar los avisos y los sonidos de los dispositivos móviles.

- Las transiciones y efectos de voz facilitarán la perfección de los *podcasts* y la percepción de profesionalidad.

- Es recomendable evitar que el audio suene plano. Hay que trabajar el ritmo, la entonación y la vocalización. Sería aconsejable entrenar antes de la grabación.

- Antes de empezar a hacer *podcasts*, resulta aconsejable escuchar otros *podcasters*. Siempre facilita hacerse una idea más precisa sobre el producto a elaborar.

❖ APOYO BIBLIOGRÁFICO ❖

ÁLVAREZ CALERO, ALBERTO. *La importancia de la escucha y el silencio.* Barcelona: Amat Editorial, 2020.

AMADEO, IMMA; SOLÉ, JORDI. *Curso práctico de redacción.* Barcelona: Columna, 2002.

AMAT, ORIOL. *Aprender a enseñar.* Barcelona: Profit Editorial, 2012.

BRADBURY, ANDREW. *Técnicas para presentaciones eficaces.* Barcelona: The Sunday Times, 2000.

BURNETT, DEAN. *El cerebro idiota.* Madrid: Ediciones Martínez Roca, 2016.

DAVIDSON J., RICHARD; BEGLEY, SHARON. *El perfil emocional de tu cerebro.* Barcelona: Ediciones Destino, 2012.

DAVIS, FLORA. *La comunicación no verbal.* Madrid: Alianza Editorial, 1976.

KNAPP, MARK L. *La comunicación no verbal. El cuerpo y el entorno.* Barcelona: Paidós Comunicación, 2001.

KROGERUS, MIKAEL; TSCHÄPPELER, ROMAN. *The comumunication book. 44 ideas for better Conversations every day.* Londres: Portfolio Penguin, 2018.

LILLEY, ROY. *Cómo tratar con gente difícil.* Barcelona: The Sunday Times, 2002.

LUNTZ, FRANK. *La palabra es poder.* Madrid: La Esfera de los Libros, 2011.

Marcet, Xavier. *Esquivar la mediocridad.* Barcelona: Plataforma Editorial, 2018.

Martin M., Antony. *Cómo superar la timidez y el miedo a hablar en público.* Barcelona: Amat Editorial, 2010.

Pease, Allan; Pease, Barbara. *El lenguaje del cuerpo.* Barcelona: Amat Editorial, 2009.

Pons, Catalina. *La comunicación no verbal.* Barcelona: Kairós, 2015.

Ramon-Cortés, Ferran; Galofré, Àlex. *Relaciones que funcionan.* Barcelona: Conecta, 2015.

Sanz Pinyol, Gloria. *Comunicación efectiva en el aula.* Barcelona: Graó, 2005.

Valls, Antonio. *Cómo disponer de más tiempo.* Barcelona: Profit Editorial, 2009.

OTROS TÍTULOS DE INTERÉS

Organízate con estilo

Carol García

ISBN: **9788497354653**

Págs: **176**

¿Trabajas desde casa y necesitas organizar mejor tus tareas? ¿Te preocupa tener el escritorio al pie de la cama? ¿Acabas trabajando en pijama y haciendo constantes viajes a la cocina? Ser tu propio jefe ofrece muchas ventajas, como ahorro de tiempo, flexibilidad horaria y mayor autonomía, pero es imprescindible que establezcas tu propio estilo organizativo para sacar adelante tus proyectos sin morir en el intento.

Cómo superar la timidez y el miedo a hablar en público

Dr. Martin M. Antony

ISBN: **9788418114205**

Págs: **160**

¿Necesitas hablar en público pero no puedes controlar tus manos o tu voz? ¿Quieres conocer gente nueva pero tartamudeas en cuanto inicias la conversación? ¿Te aterroriza ser el centro de atención en tu lugar de trabajo? Entonces, eres una de las muchas personas que sufren timidez o ansiedad social, y este libro puede ayudarte.

Con diez sencillas técnicas aprenderás a controlar todos los síntomas indeseados de la timidez, desde las reacciones físicas hasta los pensamientos ansiosos y los comportamientos inadecuados.

Cuando domines estas técnicas podrás emplearlas en cualquier situación, obteniendo ese impulso extra de valor cuando más lo necesites.